KB275911

SPARKNOTES™

사회계약론

The Social Contract

장 자크 루소

다락원 | Spark Publishing

SPARKNOTES™ 009

사회계약론

펴낸이 정효섭
펴낸곳 (주)다락원

초판 1쇄 인쇄 2009년 2월 10일
초판 1쇄 발행 2009년 2월 17일

책임편집 안창열
디자인 손혜정
번역 강태원
표지삽화 손창복

다락원 경기도 파주시 교하읍 문발리 509-1
내용문의: (031)955-7272(내선 400)
구입문의: (02)736-2031(내선 112~114)
Fax:(02)732-2037
출판등록 1977년 9월 16일 제300-1977-23호

Copyright © 2009, 다락원

값 7,000원

ISBN 978-89-5995-174-1 43740

http://www.darakwon.co.kr
일이관지(一以貫之) 논술팀이 제시한 실전 연습문제 답안작성
논술가이드는 www.darakwon.co.kr에서 무료 제공합니다.

세계의 교양을 읽는다

고전을 왜 읽는가?

인간의 삶과 세상에 대한 영원한 물음이 있기 때문이다. 시대와 사상을 뛰어넘어 지금 여기 우리에게 필요한 물음이 없는 고전은 더 이상 고전이 아니다. 인간과 삶에 대한 근원적인 물음 없이 고전을 읽는다면 자신과 인간에 대한 성찰과 지혜로 이어지지 않는다. 논술 시험 때문에, 과제물 때문에, 아니면 남들이 읽으니까, 나도 읽는다는 식이라면 그 책은 죽은 책일 수밖에 없다.

고전을 살아 있는 책으로 만드는 이 '물음!'에 답하기 위해서는 좋은 길잡이가 필요하다. 오랜 기간 동안 미국의 고교생과 대학 주니어들이 시험, 에세이 작성, 심층토론 준비를 위해 바이블처럼 애용해온 'SPARKNOTES'와 'CliffsNotes'는 바로 그런 좋은 길잡이의 표본이다. 이 두 시리즈가 원조 논술연구모임인 '일이관지(一以貫之)' 팀의 촌철살인적 해설을 곁들여 논술로 고민중인 대한민국 학생 여러분을 찾아간다.

SPARKNOTES와 CliffsNotes의 가장 큰 장점은 방대하고 난해한 고전을 Chapter별로 요약하고 분석해서 원전의 내용에 보다 쉽고 체계적으로 접근하는 신속·간편성이라고 할 수 있다. 여기에 '一以貫之' 팀이 원전의 중요한 문제의식, 즉 근원적 '물음'은 무엇이며, 그 '물음'은 오늘날에도 여전히 유효한가, 라는 질문을 다시 던진다.

대입논술로 고민하고, 자칭 타칭의 고전이 넘쳐나는 오늘의 독서풍토에서 지적 정복이 긴박한 대한민국 학생들에게 감히 이 시리즈를 자신있게 권한다.

一以貫之 논술연구모임 연구실장 이호곤

차례

이 책의 구성

SPARKNOTES와 CliffsNotes는 방대하고 난해한 원작을 보다 쉽게 이해할 수 있도록 돕는 안내서입니다. 여기에는 원작 이해를 돕기 위해 매 장마다 '요점 정리(또는 줄거리)'와 '풀어보기'가 실려 있습니다. '요점 정리(또는 줄거리)'에는 원저의 내용을 일목요연하게 정리해 놓아 저자가 전달하려는 내용을 어렵지 않게 파악할 수 있습니다. '풀어보기'에서는 철학서의 경우, 원저에 담긴 저자의 사상이나 관련 철학, 시대 상황, 논점 등을, 문학 작품인 경우에는 원작에 담긴 문학적 경향, 등장인물의 심리상태, 주제 등을 설명해 놓았습니다. 분석적이고 비판적인 글읽기의 바탕이 되는 요소들이죠. 비소설이나 소설을 막론하고 분석적이고 비판적인 글읽기는 독자에게 꼭 필요한 자질입니다.

그밖에도 원저를 좀더 깊이 복습해서 제대로 소화할 수 있도록 돕기 위해 'Study Questions'와 'Review Quiz' 등을 마련해 놓았습니다.

* 〈 〉는 철학서, 장편소설, 중편소설, 수필집, 시집. " "는 단편소설, 논문
* 작품명은 독자의 이해를 돕기 위해 예외적인 경우를 제외하고는 영어식으로 표기함.

◦ 일이관지(一以貫之) 논술노트

권말에는 일이관지 논술팀에서 작성한 논술노트가 실려 있습니다. 원저를 우리의 삶과 연계시켜 비판적 사고와 논리적 글쓰기의 방향을 제시합니다.

◦ 실전 연습문제

논술예제와 기출문제를 통해서는 원작을 바탕으로 출제 가능성이 높은 논점을 함께 숙고해 봅니다.

간추린 명저 노트

장 자크 루소 Jean-Jacques Rousseau(1712-78)는 프랑스 계몽운동의 절정기에 왕성하게 활동했다. 이성의 힘에 최고의 신뢰를 부여한 계몽운동을 이끈 사상가들은 볼테르, 디드로, 달랑베르 등이다. 이성과 지식이 인류의 점진적 진보를 가져올 것이라고 믿었던 그들은 종교나 여하의 맹목적 신념들을 경멸했다. 디드로와 달랑베르는 계몽시대를 단적으로 특징짓는 최고의 산물일 뿐만 아니라, 그 당시까지 수집된 모든 지식의 총체적 기록인 〈백과전서 Encyclopedia〉*의 편찬에 착수했다.

루소는 처음에는 계몽사상가들과 친분이 두터워 몇 편의 논문(주로 음악에 관한 글)을 〈백과전서〉에 기고하기도 했으나 이성과 인류의 진보라는 그들의 신념을 공유할 수가 없게 되고, 지적 능력과 기질도 달라 점차 거리가 멀어졌다.

루소의 정치사상은 주로 두 집단의 사상가들로부터 영

---

* 〈백과전서〉: 과학, 기술, 학술 등 당시의 학문과 기술을 집대성한 큰 출판사업(1751-81년 간행). 프랑스 혁명의 사상적 배경이 된 이 사업의 집필과 간행에 참여한 계몽사상가 집단을 백과전서파라고 하며, 대부분 가톨릭교회와 절대 왕정에 반대했다.

향을 받았다. 하나는 절대 군주제를 지지하는 그로티우스, 홉스, 푸펜도르프의 주의설*적 전통으로, 인간은 사회에 편입되어 군주에게 절대적 충성을 맹세해야 야생 상태에서의 타락과 야만성을 극복할 수 있다고 주장한다. 또 하나는 로크와 몽테스키외 등의 자유주의적 전통인데, 사회는 시민의 어떤 불가양(不可讓)의 권리들을 보호하기 위해 존재한다는 주장이다.

루소는 주의설과 자유주의적인 전통으로부터 독창적인 사상을 도출해내면서도 의미심장한 방식들로 반기를 든다. 고대 그리스와 로마에 대해 편애 성향을 보이고, 건전한 국가의 예를 들 때마다 스파르타와 로마를 자주 언급하는 것. 그 고대사회들의 주된 특징은 강력한 시민정신인데, 그곳에서의 시민권은 명예일 뿐만 아니라 자기의 정체성을 규정짓는 특성이기도 했다. 〈사회계약론 *The Social Contract*〉에는 그러한 사상의 영향이 스며들어 있으며, 특히 아리스토텔레스의 〈정치학 *Politics*〉이 미친 영향은 크게 느껴진다.

루소는 1762년에 발간된 〈사회계약론〉과 〈에밀 *Emile*〉이 신성모독으로 몰려 분노와 검열에 휩싸이면서 프랑스뿐만 아니라 출생지인 제네바에서도 수배자가 되었다. 스위스의 뉴샤텔로 도주한 그는 전기인 〈고백록(참회록)

---

* **주의설**(主意說. voluntarism): 의지가 정신 작용의 근거 또는 세계의 근기(根基)라는 설.

Confessions〉을 쓰기 시작했고, 정식으로 제네바 시민권을 포기했다. 그리고 프랑스 왕실과 볼테르를 비롯한 많은 사람들로부터 비난이 점차 거세지자 데이비드 흄의 제의를 받고 영국으로 거처를 옮겼으나 그와 논쟁을 벌이고는 이내 프랑스로 되돌아왔다. 1778년 7월 2일, 그가 갑자기 세상을 떠나자 수많은 독자와 추종자들은 슬픔에 잠겼다. 그 후 1794년, 프랑스 혁명정부는 그의 유골을 팡테옹*으로 이장했다.

〈사회계약론〉은 프랑스 대혁명의 지적인 발달에 지대한 영향을 미쳤으며, 그 폭풍의 시대야말로 루소의 사상이 실행에 옮겨진 가장 좋은 본보기다. 비록 혁명의 모든 영역에서 루소의 영향력이 확연히 느껴지지만, 공포정치**를 포함한 혁명의 무수한 재난들이 전적으로 루소의 탓이라고 비난하는 것은 옳지 않다.

---

* **팡테옹**(Pantheon): 루이 15세가 건립한 생 쥬네비에브 교회. 프랑스 혁명 때 혁명세력에 의해 혁명에 공헌한 위인들의 묘지로 용도가 바뀜. '국가적 영웅에게 바치는 건물'이란 뜻.

** **공포정치**(Reign of Terror): 정권을 유지하기 위해 대중에게 공포감을 주는 정치. 30만 명이 체포되고 15,000명이 단두대에서 처형된 프랑스 혁명 말기(1793년 6월-94년 7월)의 독재정치가 대표적 사례.

볼테르(Voltaire. 1694-1778)**:** 프랑스 작가. 대표적 계몽사상가로, 본명은 Francois Arouet. 반봉건·반교회 활동을 주도하면서 많은 비판적 글을 발표했다. 백과전서파. 주요 작품은 〈자디그〉, 〈캉디드〉 등.

디드로(Denice Diderot. 1713-84)**:** 프랑스 철학자, 문학가. 대표적인 계몽사상가이자 철저한 유물론자로, 최신 생물학과 화학을 사고(思考)에 도입했다. 백과전서파. 주요 저서는 〈달랑베르의 꿈〉 등.

달랑베르(Jean Le Rond d'Alembert. 1717-83)**:** 프랑스 수학자, 물리학자, 철학자. 베이컨의 사상을 기초로 과학의 기원과 역사적 발전을 고찰하고 분류를 시도했다. 백과전서파. 주요 저서는 〈역학론 (力學論)〉 등.

그로티우스(Hugo Grotius. 1583-1645)**:** 네덜란드 법학자. 근대 자연법 원리에 입각한 국제법의 기초를 확립해 '국제법의 아버지'로 불린다. 주요 저서는 〈전쟁과 평화의 법〉 등.

홉스(Thomas Hobbes. 1588-1679)**:** 영국 철학자. 성악설을 전제로, 사람은 각자의 이익을 위해 계약으로 국가를 만들어 '자연권'을 제한하고 그것을 국가를 대표하는 의지에 양도하고 복종해야 한다고 주장했다. 〈리바이어던〉에서 전제군주제를 이상적인 국가형태라고 함. 주요 저서는 〈철학원리〉, 〈자연법과 국가의 원리〉 등.

푸펜도르프(Samuel Pufendorf. 1632-94)**:** 독일 법학자, 역사학자. 법학을 신학과 구별하고 인간 본성론이나 이성에 기초한 근대 자연법론을 창시했다. 주요 저서는 〈자연법과 국제법〉 등.

로크(John Locke. 1632-1704)**:** 영국의 초기 계몽철학자이자 경험철학의 원조. 평등하게 태어난 자연 상태의 인간은 모두 생명, 자유, 재산에 대한 천부적 권리를 보장받아야 하며, 자연 상태가 안고 있는 분쟁의 소지를 극복하고 그 권리들을 향유하기 위해 스스로 동의한 계약을 통해 자연 상태에서 시민사회로 전환된다고 주장했다. 주요 저서는 〈인간오성론〉, 〈통치론〉 등.

몽테스키외(Montesquieu. 1689-1755)**:** 프랑스 계몽사상가. 국가권력이 사법·입법·행정의 3권으로 나뉘어 서로 견제하고 균형을 이루어야 비로소 개의의 자유가 확보된다는 3권 분립이론은 왕정복고와 미국의 독립 등에 영향을 주었다. 주요 저서는 〈법의 정신〉 등.

아리스토텔레스(Aristotle. 384-322 B.C.)**:** 고대 그리스 철학자. 플라톤
의 제자. 인간이 감각할 수 있는 세계를 중시하고, 이것을 지배하는 원인
들을 인식하고자 하는 현실주의 입장을 취했다. 주요 저서는 〈니코마코스
윤리학〉, 〈정치학〉 등.

데이비드 흄(David Hume. 1711-76)**:** 영국 철학자. 홉스의 계약설을 비판
하고 공리주의를 지향했다. 주요 저서는 〈인성론〉 등.

　장 자크 루소는 "인간은 자유롭게 태어나지만 어디서 나 쇠사슬에 얽매여 있다"라는 유명한 문구를 통해 근대 국가는 인간의 천부적 권리인 신체의 자유를 억압하고 있으며, 시민사회를 결속했던 목적으로서의 시민의 자유를 확보하기 위해서는 아무런 조치도 취하지 않고 있다고 주장한다. 루소에 따르면, 정당한 정치권력은 사회구성원들의 상호 보존을 위해 모든 시민이 합의한 사회계약을 통해서만 창출된다.

　루소는 모든 시민의 집합체를 '주권자'라고 부르고, 여러 면에서 한 사람의 개인처럼 간주할 것을 주장한다. 각 개인은 자신의 최선의 이익을 목표로 하는 특수의지(개별의지)를 지니는 반면, 주권자(시민의 총체)는 공동선을 지향하는 일반의지를 표현한다. 주권자는 단지 국가적 공공 관심사에 대해서만 권위를 갖지만, 이 부분에서의 주권자의 권위는 절대적이다. 루소는 사회계약 위반자들을 사형에 처할 것을 권고한다.

　일반의지는 보편적이고 추상적인 국가 법률을 통해 가장 뚜렷하게 그 정체를 드러내는데, 그 법률은 건국 초창기에 시민이 아닌 공명정대한 입법자들에 의해 제정된다. 모

든 법률은 시민의 자유와 평등을 보장해야 하지만, 지역상
황에 따라 바뀔 수도 있다.

주권자는 법률이란 수단을 통해 입법권을 행사하는 반
면, 국가 역시 행정권을 행사해 일상 업무를 수행하려면 정
부가 필요하다. 정부 형태는 다양하지만, 대략 그 크기에 따
라 민주정, 귀족정, 군주정으로 나뉜다. 군주정은 가장 강력
한 형태의 정부로서 인구가 많고 무더운 지역에 적합하다.
국가에 따라 정부 형태도 달라지지만, 귀족정이 가장 안정
적이라고 루소는 주장한다.

정부는 주권자와는 확연히 다르며, 양자는 거의 언제
나 갈등관계에 놓여 있다. 이러한 갈등은 궁극적으로 국가
를 멸망시키기도 하지만, 건전한 국가는 수백 년 동안 지속
되기도 한다.

국민은 일정하고 주기적인 모임을 통해 주권을 행사한
다. 비록 모든 시민을 이 모임에 참석토록 설득하기는 어려
울 때가 많지만, 회의 참석은 국가의 발전과 복지에 필수불
가결한 요소다. 시민들이 대표자를 선출해 간접적으로 의
사를 표출하거나 돈으로 공적 의무를 회피하려고 들면, 일
반의지는 관철되지 않고 국가는 위험에 처할 것이다. 모임
에서 표결할 때, 국민은 자기가 개인적으로 원하는 것이 아
니라 일반의지라고 믿어지는 것에 투표해야 한다. 건전한
국가라면 이 같은 투표들의 결과는 당연히 만장일치에 가

까울 것이다. 루소는 아주 큰 국가들도 모든 시민들을 불러 모을 수 있다는 사실을 입증하기 위해 로마공화국과 그 민회*를 예시한다.

루소는 정부와 주권자, 그리고 정부와 국민들 사이의 갈등 중재를 위해 호민관** 제도의 창설을 권고한다. 비상시국에는 일시적인 독재가 필요할 수도 있다. 감찰관의 역할은 여론을 대변하는 것이다.

개인은 각자의 신념을 자유롭게 유지해야 하지만, 또한 국가는 모든 시민들에게 선량한 시민이 되도록 고무하는 공적 신조의 준수를 요구한다고 루소는 암시한다.

---

* **민회**(民會): 아테네의 모든 성인 남자 시민이 참여하는 의결기관. 선전(宣戰), 강화 등의 주요 문제를 토의하고 의결했다.

** **호민관**: 고대 로마에서 평민의 권리(생명과 재산)를 지키기 위해 평민 중에서 선출한 관직. 그 신분은 신성불가침이며, 정무관과 원로원의 결정에 대해 거부권을 행사할 수 있었다. 임기는 1년.

● **사회계약** social contract | 한 인간이 시민사회의 구성원이 되는 계약. 그 계약은 본질적으로 국민들을 상호 보존을 위해 존재하는 하나의 공동체로 결속시킨다. 시민사회에 소속되면 국민은 무엇이든 자유롭게 할 수 있는 자연적 자유를 잃게 되는 대신, 합리적이고 도덕적으로 사고하고 행동할 수 있는 시민적 자유를 얻게 된다. 루소는 우리가 사회계약을 체결해야만 완전하게 인간다워진다고 믿고 있다.

● **자유** freedom or liberty | 자유의 문제는 〈사회계약론〉의 배후에 도사리고 있는 근원적 동인(動因)이다. 자연 상태에서는 국민들이 행동을 전혀 구속받지 않는다는 의미에서의 자연적 자유를 누리지만 동물이나 다를 바 없으며, 본능과 충동의 노예에 불과하다. 그러나 당시 대부분의 사회에서는 국민들은 이러한 자연적 자유조차 누리지 못하고, 국민들에 대해 전혀 책임을 지지 않는 절대 군주나 절대 정부에 반드시 복종해야 했다. 따라서 루소는 그 해결책으로서 사회계약 이론을 제안해 사회생활을 영위하는 데 필수불가결한 시민적 자유를 확보하고자 한다. 시민적 자유는

동료 시민을 해하지 않는다는 시민 상호간의 협약에 의해 질적으로 조율되고 양적으로 축소되지만, 이 제약들은 국민을 도덕적이고 합리적인 길로 이끌어간다. 이런 의미에서 시민적 자유는 자연적 자유보다 우월하다. 국민은 본능과 충동에 지배를 받는 노예 상태에서는 최소한 벗어났기 때문이다.

● **주권자** sovereign │ 엄격히 정의하면, 주권자는 하나의 국가 내에서 법률과 절대 권위가 내는 목소리다. 루소 시대에는 주권자는 통상 절대 군주였다. 그러나 루소는 〈사회계약론〉에서 주권자란 단어에 새로운 의미를 부여했다. 즉 건전한 공화국에서 집단적 총체가 되어 행동하는 모든 시민을 주권자라고 규정한 것. 그들은 함께 국가의 법률과 일반의지의 목소리를 낸다. 주권자는 어떤 방식으로든 대표될 수 없으며, 분할될 수도 없고, 해체될 수도 없다. 오직 집단적인 목소리를 내는 모든 시민만이 주권자가 될 수 있는 것.

● **정부** government │ 한 국가에서 일어나는 구체적인 사안들과 일상적인 업무를 챙기는 행정력. 국가의 숫자만큼 정부 형태도 다양하지만, 대략 민주정(다수의 지배), 귀족정(소수의 지배), 군주정(한 사람의 지배)으로 구분할 수 있다.

정부는 국민을 대표하지만 주권자는 아니고, 일반의지를 대변할 수도 없다. 정부는 종종 일반의지와 불협화음을 빚는 법인의지를 지닌다. 이런 이유로 정부와 주권자 사이에는 국가의 붕괴를 초래할 수도 있는 마찰이 자주 일어난다.

● **법** law | 보편적으로 적용할 수 있는 일반의지를 추상적으로 표현한 것. 법은 국민을 총체적으로 다룰 뿐, 개별 구체적인 사건들을 다룰 수 없고 본질적으로는 전체 국민의 희망사항들을 기록한 것이다. 어떤 경우든 국민들이 주권자에게 계속 충성하도록 만들기 위해 존재한다.

● **일반의지** general will | 공동선을 지향하는 주권자의 의지. 각 개인은 자신에게 최선인 것을 표현하는 특수의지(개별의지)를 가지고 있다. 일반의지는 총체로서의 국가에 최선인 것을 표현한다. 민주주의 사회에서 국가는 시민의 일반의지를 대표하고, 개개의 시민은 국법을 준수하면서 실리를 추구한다.

● **전체의지** will of all | 각 개인의 특수의지들의 총합. 건전한 국가에서는 전체의지와 일반의지가 같다. 시민 개개인이 공동선을 의욕하기 때문이다. 그러나 국민들이 국가 이익보다 개인의 이익을 우선시하는 국가에서는 전체의지는

일반의지와 아주 커다란 차이를 보일 수 있다.

● **자연 상태** state of nature ｜ 루소의 말을 빌리면 사회화의 영향을 받지 않은 인간의 자연적인 모습. 우리 인간 현존재의 상당 부분이 사회화 과정의 소산이므로 사회가 존립하기 이전에는 그 모습이 아주 달랐으리라고 암시하는 것. 루소는 〈인간불평등 기원론 *Discourse on Inequality*〉(이하 '불평등 기원론')에서 이러한 역사 이전의 상태를 극찬하지만, 〈사회계약론〉에서 보이는 태도는 좀더 모순적이다. 자연 상태에서 우리는 원하는 것은 무엇이든 할 수 있으나 욕망과 충동은 이성에 의해 조절되지 않는다. 자연적 자유를 누리지만, 도덕성과 합리성이 결여되어 있다는 것. 그러면서도 루소는 이러한 자연 상태가 당시의 프랑스 구체제(ancien regime) 사회의 노예적 속박 상태보다는 낫다고 믿었다.

● **시민사회** civil society ｜ 자연 상태의 정반대로서, 국민이 한 공동체에서 살아가기로 동의할 때 성립한다. 성립 요건은 시민적 자유와 사회계약이다. 더불어 살아가며 서로의 자유와 권리를 존중하기로 합의함으로써 우리는 합리적이고 도덕적인 면모를 배우게 되고, 야수적 본능을 조절할 수 있게 된다.

● **공동선** common good | 총체로서의 사회를 위해 가장
바람직한 것. 사회계약이 궁극적으로 달성하려는 목표이자
일반의지의 목표이다.

　　루소가 〈사회계약론〉을 저술한 주된 목적은 어떻게 하면 시민사회에서 자유가 실현가능할지를 결정하기 위한 것이었다. 따라서 우리는 잠시 나름대로의 판단을 유보하고 '루소가 의도하는 자유'를 이해해 보기로 하자. 자연 상태에서 우리는 행동을 구속당하지 않는 자연적인 자유를 향유한다. 사회계약을 체결해서 우리의 행동에 제약을 가하면 공동체 생활이 가능해지지만, 자연적 자유를 포기함으로써 합리적으로 사고할 수 있는 시민적 자유를 얻는다. 우리는 본능과 욕망에 제약을 가할 수 있고, 이렇게 해서 도덕적으로 사고하는 법을 배우는 것. 루소에 따르면, '도덕'이란 용어는 시민사회라는 한계 내에서만 의미를 갖는다.

　　비단, 자유뿐만 아니라 합리성과 도덕도 시민사회 내에서만 가능하다. 시민사회는 우리가 사회계약에 동의해야만 성립한다고 루소는 말한다. 따라서 우리는 사회가 제공하는 상호 보호와 평화에 감사해야 할 뿐 아니라, 합리성과 도덕 역시 시민사회의 덕분이다. 요컨대 우리는 사회에 능동적으로 참여하지 않으면 인간일 수가 없다.

　　여기서 우리는 루소가 채택한 다분히 공산사회적인 관점을 포착하게 된다. 만약 우리가 사회계약의 보호 아래에서만 온전히 인간일 수 있다면, 사회계약이 그것에 동의하는 개별 주체들보다 더 중요해진다. 즉 각 개인이 존재가치를 누리는 것은 사회계약에 동의했기 때문이란 결론에 도달하는 것. 사회계약은 각 개인들에 의해 개별적으로 확정되는 것이 아니라 총체적인 집단에 의해 확정된다. 따라서 총체적인 집단이 그 구성원인 각 개인들보다 중요하다. 주권자와 일반의지도 신민들과 그들의 특수의지보다 중요하다. 루소는 주권자란 자발적 의사로 행동할 수 있는 특출한 개인이라고까지 표현한다.

우리는 이 같은 주장들에 대해 진지한 조건을 붙여 반대할 수도 있고, 실제로도 루소는 전체주의를 뒷받침했다는 비난을 받아왔다. 우리는 개인의 권리가 지극히 중시되는 시대에 살고 있다. 그런데 우리가 그저 더 큰 사회의 작은 부품에 불과하다고 생각한다면 대단히 모욕적이다. 어찌 보면, 루소의 이론은 자유를 가능케 하기보다는 말살하려는 듯한 느낌이 들기도 한다.

그러나 루소는 이러한 비난들을 받아들이지 않고, 새천년을 맞은 우리를 바라보며 우리가 결코 자유롭지 못하다고 넌지시 말할지도 모를 일이다. 대체로 우리는 그 어떤 개인적 작인(作因)이나 주도권이 결여되기 쉽다. 그리고 흔히 상호간에 의미심장하게 반응하는 데 어려움을 겪고, 우리의 결정과 행위들이 개인적 사고를 위축시키는 소비문화에 크게 휘둘린다고 주장할 수도 있다.

루소는 우리가 더불어 살아가기를 희구하게 만드는 공동체 정신을 완전히 상실했기 때문에 자기 이론이 매력적이지 않게 보일 뿐이라고 주장할 수도 있다. 루소의 이상적인 공화국 시민들은 강제로 공동체에 편입되는 것이 아니라, 상호 혜택을 창출하기 위해 자발적으로 동의하는 것이다. 루소는 고대 그리스와 로마의 시민들은 아주 능동적이었고 후세인들이 도저히 필적할 수 없는 업적을 이루어낼 능력도 있었다고 주장할지 모른다. 그들을 결속시킨 공동체 정신은 그들의 개체성을 침해했던 것이 아니라, 오히려 그 개체성이 가장 완전하게 표현될 출구를 마련해 주었던 것이다.

그리스와 로마 사회가 노예제와 착취에 근거했다는 언급은 논외로 치고, 그 이후에도 세상은 계속 변해 왔다고 말하는 것이 루소에 대한 최상의 반론일지 모른다. 우리는 사회이론가인 위르겐 하버마스*로부터 공적 영역과 사적 영역의 명확한 구분법을 빌어 루소가 사적 영역을 충분히 고려하지 않았다고 주장할 수도 있다. 루소는 시민들은 공익을 침해하지 않는 한 무슨 일이든 할 수 있다고 하면서도, 어떤 면에서는 인간의 개성이 공적 특성을 지니고 있다

---

* **위르겐 하버마스**(Jurgen Habermas, 1929-): 독일 철학자, 사회학자. 마르크스 이론이 후기 산업사회에 맞지 않는다며 의사소통행위론이라는 새로운 이론을 도입, 비판이론의 새 지평을 열었다. 주요 저서는 〈이데올로기로서의 기술과 과학〉 등.

고 가정하는 듯한데, 우리의 공적 정체성과 개인적 정체성의 구분을 알지 못하는 것 같다. 그토록 능동적인 시민 정신을 요구하는 것은 우리의 공적 인격이 개인적 자아에 우선할 것을 요청하고 있는 셈이다.

Chapter별 정리 노트

Chapters 1-5

사회계약론

1장은 "인간은 자유롭게 태어나지만 어디서나 쇠사슬에 얽매여 있다"는 유명한 문구로 시작한다. 이 '쇠사슬'은 근대 국가에서 시민의 자유에 가해진 구속이다. 루소가 이 책을 집필한 목적은 합법적인 정치권력이 존재할 수 있는가, 즉 자유를 구속하기보다는 지탱하는 국가가 존재할 수 있는가를 정확히 판단하기 위해서다.

루소는 합법적인 정치권력을 자연 상태에서 찾을 수 있다는 생각을 거부한다. 자연 상태에서의 유일한 권력은 자식을 보호하려는 친권뿐이다. 특히 그로티우스나 홉스 같은 정치사상가들은 군주와 신민의 관계는 부자지간과 유사하다고 주장했다. 군주는 백성을 돌봄으로써 그들에 대해 무제한의 권력을 갖는다는 것. 이 같은 추론은 피치자(被治者)에 대한 치자(治者)의 자연적 우월성을 당연하다고 가정한다. 그러한 치자의 우월성은 자연이 아닌 무력에 의해

지속되므로 정치권력은 자연에는 아무런 근거가 없다.

또한 합법적인 정치권력은 무력에 근거하는 것도 아니다. "힘이 곧 정의다"란 격언은 약자가 강자에게 복종해야 한다는 의미가 아니다. 만약 힘이 정의를 결정하는 유일한 요소라면, 국민들은 도덕적 당위나 논리적 필연성이 아니라 선택의 여지없이 불가피하고 강압적이기 때문에 지배자에게 복종하지 않을 수 없게 된다. 그리고 만약 국민들이 통치자를 전복시킬 수 있다면, 이런 행위 역시 그들이 우월한 힘을 행사하고 있다는 이유만으로 정당성을 갖게 된다. 그 같은 상황들에서는 이른바 정치권력은 존재하지 않고, 국민들은 그저 힘이 닿으면 시비나 당위 판단을 떠나 무슨 일이든 한다.

루소는 그 난국에 대해 합법적인 정치권력은 사회 구성원들 사이에 체결된 사회계약에 의존한다는 해결책을 제시한다. 사회계약을 이론화한 선배 사상가들은 많다. 그로티우스는 왕과 백성들 사이에는 백성들의 자유를 왕에게 양도하기로 합의하는 '노예의 권리'란 계약이 존재한다는 의견을 제시하는데, 백성들이 자유를 포기한 대가로 얻는 것이 무엇인지를 분명히 밝히지 않고 있다. 그 같은 일괄 양도계약은 자유의 보존이 아니다. 왕은 자유를 통째로 박탈당한 신민들의 노동력을 착취해 혼자만 배불리 먹고 만족스런 삶을 영위하기에 급급할 뿐, 그 이상의 어떤 행위도 하지 않기 때문이다. 그리고 그 계약은 안전으로의 이행이 아니다. 왕이 멋대로 백성을 전쟁터로 내몰거나 혼자 소비할 심산으로 모든 재화를 비축해 나라 전역을 황폐하게 만들려고 든다면, '신민의 평화'란 가치는 왕의 전횡과 무소불위의 권력에 비춰볼 때, 상대적으로 사소할 수밖에 없기 때문이다. 그럼에도 불구하고 그 계약은 중요한 특성을 지닌 그 무엇임에는 틀림없다. 미치광이들만이 아무런 대가 없이 자유를 포기할 것이고, 미치광이들이 체결한 계약은 무효일 테니까. 게다가 자신의 자유는 양도할 수 있을지언정, 후손들의 자유까지도 양도하는 것은 정당화될 수 없다.

미약한 백성들이 우월하고 강력한 왕에게 평등하고 정당한 교환조건 속에서 자유를 양도한다는 것은 불가능하다. 그들은 자유를 통치자에게 양도하면 모든 권리마저 포기하는 것이고, 더 이상 반대급부로 무언가를 요구할 수 있는 입장도 아니다. 바로 이 부분에서 루소는 자유를 도덕적 의미와 연관시킨다. 우리의 행위는 자발적으로 행해질 때만 도덕성을 가질 수 있다는 것. 자유를 포기하면 도덕성과 인간성마저 통째로 포기하는 셈이 된다.

루소는 전쟁포로들이 공평한 교환, 즉 정복자가 피정복자의 목숨을 살려주는 대가로 그의 자유를 전부 양수하는 조건을 통해 노예가 될 수 있다는 이론에도 반대한다. 전쟁은 재물을 차지하기 위해 국가들 사이에서 발생하는 것이며, 개인들과는 전혀 무관하다. 적은 항복하는 순간, 더 이상 적이 아니라 그저 한 사람의 인간일 뿐이다.

절대 군주제에서는 국민들은 노예이고, 노예에게는 자유도 없고 권리도 없다. 한 사람이 진정한 의미에서의 인간이려면, 인간 사이에서 숙고하고 모두에게 최선인 것(공동선)에 대해 합의할 수 있는 자유를 가져야 한다.

자연은 루소의 철학을 꿰뚫는 매우 중요한 개념이다. 루소는 이성과 진보가 인류를 꾸준히 발전시키고 있다는 통상적인 계몽주의 입장에 반대한 것으로 유명하다. (타락한 구체제 속에서 살아가기보다는) 인류가 자연 상태 속에서 '고귀한 야만인'으로 살아갈 때가 차라리 더 유복하다는 의견을 제시하는 것. 이 같은 견해는 초기 저작인 〈불평등 기원론〉에서 좀더 강도 높게 표현되는데, 〈사회계약론〉에서는 근대 사회가 잠재적으로 국민에게 혜택을 가져다줄 수 있다는 가능성을 기꺼이 받아들이려 한다.

루소가 '자연' 또는 '자연 상태'라고 언급할 때마다 그 진의가 무엇인지 아주 분명하게 나타나지 않는다. 〈불평등 기원론〉에서는 국민들이 정부, 법률 또는 사유재산을 전혀 갖지 않았던 선사시대의 상황을 넌지시 자연 상태라고 언급하는 듯하다. 그러나 그는 이러한 주장의 사실성(史實性)

을 입증할 만한 노력을 전혀 기울이지 않고, 나중에 〈불평
등 기원론〉에서는 선사시대의 실제 상황을 언급하려고 의
도했던 것은 아니라고 말했다.

　　루소는 역사나 고고학보다는 현재 속에 존재하는 인간
의 본질을 이해하는 데 더 관심이 있고, 그의 정치철학은 우
리가 참여하는 정치결사가 우리의 사상과 행동을 대부분 결
정짓는다는 확신에 의해 조종된다. 그렇다면, '자연 상태'에
대한 그의 관심은 정치제도가 결코 존재하지 않았더라면 인
간들이 처하게 되었을 가상의 상황을 밝히려는 노력의 일환
인 셈이다. 이 '자연 상태'의 일부가 아닌 것은 무엇이든 인
간 사회의 결과물이므로 '부자연스러울' 수밖에 없다.

　　〈불평등 기원론〉에서는 이 자연 상태가 아주 아름다운
장밋빛으로 그려진다. 만약 다툼의 대상인 재산이 없고 불
평등을 강요하는 정부가 없다면, 근본적인 인간 본성은 인
정 많고 화목한 상태라는 것. 이러한 견해는 루소 이전의 대
다수 사상가들의 주장과는 첨예하게 대비된다. 〈리바이어던
Leviathan〉*에서 정치제도가 없는 인간의 삶은 '고독하고, 가
난하고, 역겹고, 야만스럽고, 짧다'고 했던 홉스의 단언은 매
우 유명하다. 홉스와 그로티우스는 인간 사회는 불쾌한 자

---

* 〈**리바이어던**〉: 1651년 토머스 홉스가 집필한 책. 원래는 구약 성서 '욥기'에 나오는 거
　대한 영생 동물의 이름이지만, 이 책에서는 교회 권력으로부터 해방된 국가를 가리킨다.
　"교회 및 시민공동체의 내용·형태·권력"이란 부제가 붙어 있다.

연 상태를 개선시키기 위해 생겨난다고 주장한다. 루소는 홉스가 자연 상태를 부정적으로 묘사한 것은 정치제도의 유무에 관계없이 인간의 본성(홉스의 성악설)이 불변이라는 가정 때문이라고 생각한다. 만약 근대인들에게 갑작스레 정치제도가 없어진다면, 사회가 그들의 육신 속에 뿌려놓은 모든 이기심과 탐욕을 고스란히 간직하고 있기 때문에 사회의 안전장치와 보호가 없는 불쾌한 삶을 영위하게 된다는 것. 루소가 가정하는 자연 상태는 사회 형성 이전이다. 인간은 정치에 의해 타락하기 전에는 홉스가 말하는 불쾌한 특성들을 전혀 지니지 않았다. 먼저, 우리는 루소가 자연 상태로의 회귀가 불가능하다고 생각한다는 점을 이해하고 있어야 한다.

루소가 자연과 시민사회를 첨예하게 대비시키려고 한다는 점은 분명하다. 인간 사회는 자연 상태의 일부가 아니라 인위적으로 형성된다. 루소에 따르면, 사회는 모두가 혜택을 얻기 위해 자연 상태에서 살아가는 인간이 모여 어떤 구속들에 동의하는 사회계약에 의해 형성된다. 사회계약 사상은 본래 루소의 독창적 산물이 아니고, 플라톤의 〈크리톤 Crito〉*까지 거슬러 올라갈 수 있다. 그러나 보다 중요한

---

* **〈크리톤〉**: 소크라테스의 사형이 확정된 후 약 한 달간의 말미가 주어진 가운데 소크라테스와 친구 크리톤이 나눈 대화를 기록한 작품. 크리톤은 국가가 개인의 생명을 부당하게 위태롭게 만들 때는 저항해야 한다고 말하지만, 소크라테스는 정의와 법을 거부하는 것은 자신과 국가의 관계를 단절하는 것이라고 논한다.

사실은 루소가 여러 철학사상가들 중에서도 절대 군주제를 정당화하기 위해 사회계약 사상을 활용했던 홉스, 그로티우스, 푸펜도르프의 사상에 의존하고 있다는 점이다. 이들은 국민들에게 복종계약이 가져다줄 자연 상태로부터의 보호와 향상의 대가로 절대 군주의 지배에 동의할 것을 제안했다.

그러나 절대 군주제 아래서는 그 어떠한 합법적인 사회계약도 체결될 수 없다는 루소의 사회계약론은 선배 사상가들의 이론을 송두리째 뒤엎는 것이다. 루소의 주장은 다양하지만, 근본 논거는 국민들이 군주에게 자유를 양도할 때는 사회계약에 동의할 수 있는 자유와 권위마저 양도하는 것이기 때문에 군주와 맺는 계약은 모두 무효가 된다는 것이다. 루소에 의하면, 우리의 자유와 인간성은 스스로 심사숙고해서 선택할 수 있는 능력과 밀접하게 연결되어 있다. 만약 군주가 우리에 대해 절대 권력을 갖는다면, 우리는 자유와 인간성을 모두 잃고 노예로 전락한다.

Chapters 6-9

: 요점정리

    루소는 자연 상태에는 사람들이 생존하기 위해 힘을 결속시켜야 할 어느 시점이 있다고 암시한다. 어떻게 사람들이 서로 결속하면서도 여전히 자유를 보존할 것인가의 문제는 사회계약을 통해 해결된다. 사회계약은 본질적으로 각 개인에게 무조건 자신을 하나의 총체인 공동체에 양도할 것을 요구한다. 루소는 이 같은 정의(定義)로부터 세 가지 사항을 도출한다. (1) 사회계약의 조건은 만인에게 동등하기 때문에 되도록이면 모두에게 과중하지 않은 사회계약을 체결해야 한다. (2) 개개인이 무조건 자신을 전체에 내놓기 때문에 그 상태에 대해 반대할 수 있는 권리가 없다. (3) 어느 누구도 타인 위에 군림할 수 없기 때문에 사회계약을 체결하더라도 자연적 자유를 잃지 않는다.

    사회계약에 의해 형성된 공동체는 단순하게 구성원들의 생명과 의지의 총합이 아니라 스스로의 생명과 의지를 지닌 별개의 통일된 실체다. 이렇게 개인의 인격들이 결합되는 공적 인격은 고대에는 '도시국가', 오늘날에는 '공화국'이라고 불린다. 그 실체의 정의를 좀더 확장하면, 수동적인 역할일 때는 국가, 능동적인 역할일 때는 주권자, 다른 것들과 관련해서는 '권력'이다. 그리고 이 공동체의 구성원들은 '국민', 주권에 참여하는 개인이란 뜻에서는 '시민', 주권자에게 복종한다는 의미에서는 '신민'이 된다.

주권자는 생명과 의지를 지닌 별개의 통합된 실체이기 때문에 루소는 여러 면에서 그것을 마치 개인처럼 다룬다. 어떤 개인도 자신과의 계약에 구속되지 않으므로 사회계약은 주권자에게 하등의 제약을 가할 수 없다. 반면, 주권자의 신민은 이중 구속을 당한다. 개인으로서는 주권자에게 구속되고, 주권자의 구성원으로서는 다른 개인들에게 구속되는 것.(치자와 피치자의 동일성으로 인해 나타나는 국민의 이중적 지위) 주권자가 사회계약에는 구속받지 않는다고 하더라도 그 존재 기반은 사회계약이기 때문에 그것을 위반하는 행위는 할 수 없다. 나아가 신민을 해코지하는 것은 스스로를 해하는 결과가 되므로 주권자는 굳이 구속력 있는 공약이 없더라도 최우선적으로 신민들을 위해 행동할 것이다.

한편, 개인들은 법을 통한 동기(권리 보호 따위)가 부여되어야 주권자에게 계속 충성한다. 이기적인 사람들은 신민의 의무는 준수하지 않고 시민의 모든 혜택만 향유하려 들지도 모른다. 따라서 루소는 비자발적인 신민들을 일반의지에 복종토록 강제해야 한다고 주장한다. 즉 누구를 막론하고 '자유롭게 되도록 강제될' 것이다.

루소는 〈불평등 기원론〉에 비해 〈사회계약론〉에서는 자연과 시민사회를 예리하게 구분하는데, 후자를 몹시 선호한다. 우리는 자유롭게 본능을 쫓으면서 하고 싶은 대로 할 수 있는 자연적 자유를 잃는 대신, 우리의 행동에 이성적 한계와 일반의지를 투영시키는 시민적 자유를 얻어 도덕적 인간으로 변모해간다. 시민사회에서 스스로의 행동에 책임을 지게 되면서, 그 결과, 고귀해지는 것.

루소는 사유재산에 대한 논의로 제1권을 끝맺는다. 토지소유권은 아무도 해당 토지에 거주한 적이 없으며 권리를 주장하지 않을 경우, 토지 소유자가 생존에 필요한 만큼의 땅만 차지했을 경우, 그리고 토지 소유자가 그 땅을 경작할 경우에만 합법적이고 정당하다. 사회계약에서는 각 개인이 자신과 함께 자기가 소유하고 있는 모든 재산도 주권자와 일반의지에 전부 양도하지만, 그렇다고 해서 자기의 재산을 포기하는 것은 아니다. 주권자의 보호를 받는 신민이기 때문이다. 그러나 자기 토지에 대한 개개인의 권리는 사회적 유대의 견고성과 주권 행사의 실효성을 거두기 위해 항상 공동체가 모든 토지에 대해 갖는 권리에 종속된다.

개혁지지자들은 그 '구조 체계(사회 구성 체계)'를, 결합하면 대형 로봇이 되는 소형 로봇의 집단이라고 생각할 수도 있다. 한 개의 구조가 대형 로봇의 왼팔이면, 또 다른 구조는 오른쪽 다리 등이 되는 것. 루소도 여기서 같은 종류의 원리를 적용하고 있다. 즉 개별 시민들은 각자의 생명과 의지를 소유하지만, 사회계약에 스스로를 구속시켜 더 큰 생명체와 주권자의 의지의 일부분을 형성한다. 개개의 구조들이 모여 형성된 대형 로봇처럼 주권자를 단순히 개개 구성원들의 총체가 아니라 하나의 개인 자체로 취급하는 것.

그 몸체의 각 부분은 여타 부분들과 협동해 순조롭게 기능해야 할 책임이 있듯, 개개인은 주권자에게 헌신한다. 그러나 어떤 사람이 자기의 새끼손가락이나 왼쪽 무릎에 대해 아무런 빚도 없는 것처럼 주권자도 신민들에게 빚이 없다. 우리가 손가락이나 무릎들을 해악으로부터 보호하려는 것은 일종의 계약적 구속보다는 우리 신체의 일부이기 때문이고, 그것들에 해악을 가하면 자신을 해하는 것이 된다. 마찬가지로 주권자는 신민들에게 아무런 채무도 없지만, 여전히 그들의 복지를 확보하기 위해 노력할 것이다.

공산사회적인 루소의 관점은 자연 상태와 시민사회의

대비를 참고하면 이해할 수 있다. 우리가 갖는 자연 상태의 자유는 동물의 자유다. 즉 구속받지 않고 비합리적이다. 그러나 우리는 시민사회에 발을 들여놓으면서 본능을 억제하고 합리적으로 행동하는 것을 배우며, 무제한의 자유를 향유하던 자연 상태를 떠나면서 스스로의 행동을 정당화시킬 이유가 필요하다는 것을 깨닫는다. 이 합리성이 우리의 행동을 도덕으로 규정한다. 루소에 따르면, 우리는 합리성과 도덕성으로 인해 동물들과 구분되고, 시민사회의 일부가 되어야만 인간다워진다. 공동체는 사회적 존재들의 결합체이고 개인은 고독한 동물에 불과하기 때문에 공동체는 개인보다 우월하다.

루소는 본능을 추구하는 자연적 자유와 합리적으로 행동하는 시민의 자유를 대비시킨다. 우리는 시민사회에서 자제의 자유를 배우고, 사회계약에 구속당하면서 자유를 포기하는 것이 아니라 오히려 온전히 실현한다.

이러한 배경이 '고집스러운 시민들이 자유롭게 되도록 강제될' 것이라는 불온한 루소의 주장을 이해하는 데 도움이 될지 모른다. 우리가 시민사회에 진입해 사회계약에 구속당함으로써 시민적 자유를 얻게 된다면 어떠한 계약위반도 시민적 자유를 침해하는 것이 된다. 우리가 우리를 합리적이고 도덕적으로 만들어주는 계약을 위반하면 바로 우리의 합리성과 도덕성을 훼손하는 것이다. 따라서 주권자는 신민들에게 사회계약을 준수하도록 강제함으로써 본질적으로는 그들이 사회계약의 요체인 시민적 자유를 유지하도록 강제한다.

만약 이러한 주장들이 언짢게 생각된다면, 여러분만 그런 것은 아니다. 일부 논평자들은 다소 지나치지만 루소를 전체주의자라고까지 비난한다. 그러나 공동체가 먼저이고 개인은 그 다음이란 그의 사고방식은 대다수의 근대 민주주의 체제들, 특히 미국을 특징짓는 개인의 자유란 개념에 반한다.

시민들이 적극적으로 정치에 참여하지 않는 근대 국가에서 자기들의 행동을 규정하는 결정들에 대해서조차 능동적 참여자가 아니라 수동적 목격자가 되고 있다는 두려움이 루소에게 커다란 자극을 주었다. 능동적인 정치 참여를 통해 얻는 시민적 자유는 대개 자신의 운명을 결정하는 자유다.

프랑스 대혁명이 하나의 조짐에 불과하더라도, 루소의 이론들은 오용될 소지가 다분하다. 루소의 사상들이 프랑스 혁명의 이념적인 뼈대를 형성했으나 진행 과정에서의 혼란이 분명히 드러내듯 일반의지의 결정방식이 항상 확실한 것만은 아니고, 그 같은 경우에는 공포와 단두대가 백성들을 '자유롭게 되도록' 강제하는 매력적인 수단이 될 수 있다. 프랑스 혁명의 모든 극단적인 과잉행위들을 루소의 탓으로 돌리는 것은 부당하지만, 일부 비판자들은 루소가 평소에는 힘과 정의를 매우 신중히 구분하면서도 '국민들이 자유롭게 되도록 강제되어야 한다'는 언급에서는 위험스럽게 그 구별을 희미하게 한다는 점에 주목했다.

Chapters 1-5

사회는 국민들이 공통 관심사를 갖는 범위에서만 기능한다. 모든 국가의 목표는 공동선이다. 루소에 따르면, 공동선은 주권자에 의해 표현되는 일반의지에 유념해야 성취될 수 있다. 주권은 불가양이다. 그 힘은 타인에게 양도할 수 없고 작은 단체에 의해 대표될 수도 없다. 주권자는 일반의지를 표현하지만, 결코 어느 특수한 개별의지와 정확히 일치하지는 않는다. 국민의 의지로서의 주권자는 그 국민들이 능동적이고 직접적인 정치적 목소리를 갖는 한에서만 존재할 수 있다.

주권은 또한 불가분이기 때문에 언제나 반드시 일부분이 아니라 총체로서의 국민의 의지를 나타낸다. 특수의지의 표현이 기껏해야 법의 적용인 반면, 일반의지의 표현은 법률의 형식을 띤다. 루소는 다른 철학자들이 일반의지와 특수의지를 혼동하고 있다며 비난한다. 국가나 정부의 특정한 행위들(행정, 선전포고, 등)을 주권자의 행위로 여기고, 이러한 행위들이 총체로서의 국민에 의해 시도되지 않기 때문에 주권은 분할될 수 있다고 결론짓는다는 것. 이 같은 결론으로 인해 그로티우스 같은 사상가들은 주권을 전제군주의 특수의지에 맡겨 국민의 권리를 박탈하게 한다.

루소는 일반의지가 항상 공동선을 지향한다고 해도 국민의 심사숙고가 언제나 반드시 일반의지를 표현하지는 않는다는 점을 시인한다. 그리고 전체의지는 단순히 각 개인적 욕망의 총합에 불과하다며, 일반의지와 전체의지를 구분한다. 이러한 개별 이익들은 국민들이 파당을 형성해 집단으로서 투표하지 않는다면, 대개는 서로 균형을 이룬다. 루소는 국가 내에서는 어떠한 파당도 형성하면 안 되고, 각 개인은 스스로 생각해야 한다고 주장한다.

루소는 주권자가 모든 신민에 대해 절대 권력을 가진다고 주장하면서도 조심스레 개별 이익을 위한 공간도 마련해 둔다. 시민은 국가가 필요로 하면 어떤 재화나 용역도 기꺼이 제공해야 하지만, 국가는 시민에게 필요 이상의 것을 요구할 수 없다. 더욱이 주권자는 총체로서의 국가에 영향을 미칠 사안들에만 발언권이 부여된다. 개인들이나 특정 사안들을 다루는 경우에는 모든 시민이 관계되지 않기 때문에 주권자도 관계되지 않는다. 주권자는 오로지 공동 이익에 관계된 문제만 다루기 때문에 개별 시민은 사적 영역에서는 자유롭게 사적 이익을 추구할 수 있지만, 공동 관심사에서는 주권자에게 구속된다.

　루소는 주권자가 신민의 생사여탈권을 가지고 있다고 주장하면서, 사형제도를 지지한다. 이 같은 입장을 취하는 가장 강력한 이유는 범죄자들은 국가의 법을 위반하면서 본질적으로 사회계약을 위반할 수밖에 없다는 소신 때문이다. 그들은 사회계약의 적일 뿐만 아니라 국가의 적이므로 반드시 추방되거나 사형에 처해져야 한다. 범죄자의 사면도 가능하지만, 사면과 처벌은 모두 나약함의 징표들이다. 모순에 처한 국가들과 달리, 건전한 국가에는 범죄자들이 거의 없다.

　주권자와 일반의지란 개념들은 이미 루소 이전에 널리 퍼져 있었으나 루소가 부여했던 형태와는 달랐다. 주권자는 일정 단체의 사람들에 대해 궁극적 권위를 지니며, 법의 목소리이므로 그 권위 하의 국민들은 모두 복종해야 한다. 그리고 주권자는 외부의 모든 세력으로부터도 독립되어 있다.(주권자는 대내적 최고, 대외적 독립)

　루소의 시대에는 일반적으로 주권자는 절대 군주였고, 국가의 재산과 백성들에 대해 절대 권력을 행사했다. 전형적인 절대 군주였던 루이 14세는 한때 "짐은 곧 국가다"란 말을 했을 정도라고 전해진다. 프랑스에서는 왕의 말이 곧 법이었고 당연히 복종해야 했으며, 그 어떤 외부 세력도 루이와 그의 국가에 대해 영향력을 행사할 수 없었다. 루소는 주권의 본질적 개념은 신민을 지배하는 절대 불가양의 영향력을 지닌 힘이라고 주장하면서도 한 개인이나 소수 엘리트 집단이 주권자로서 행동할 수 있다는 생각에는 반대한다. 〈사회계약론〉에서 루소가 추구하는 목표는 국민들이 정치결사란 한계 내에서 어떻게 자유를 유지할 수 있는가, 하는 점이다. 따라서 한 사람의 군주가 신민에 대해 절대 권력을 행사한다는 생각은 루소의 이상에 전적으로 반한다. 국민들이 자유를 잃지 않으면서도 주권자에게 복종할 수 있는 유일한 방법은 스스로 주권자가 되는 것이다. 이처럼 루소는 주권이란 개념을 전환시켜 왕이 아닌 국민이 주권자라고 역설한다.

절대 군주제의 경우에는 주권이 왕의 의지의 형태로 표현되지만, 루소의 이상적인 공화국에서는 일반의지로서 표현된다. 즉 왕이 권위를 이용해 최선의 자기 이익을 얻어내듯, 국민들은 단체로 행동해 모두에게 최선인 것을 얻어낸다.

일반의지는 왕의 의지와는 달리 어느 특정 개인의 의지가 아니다. 사실상 루소는 어느 특정 개인의 의지가 모든 경우에 일반의지와 일치되기란 불가능하다고 생각하고, 일반의지와 전체의지를 명확히 구분한다. 전체의지란 각 개인이 원하는 것을 모두 합치면 단순히 얻게 되는 총량에 불과한 반면, 일반의지는 공동선을 추구한다. 시민들은 개인적 이익이 아닌 일반의지를 갖고 투표에 임해야 한다. 근대 민주주의에서 투표자는 자신의 이익에만 이끌리는 경향이 있다. 부자들은 세금감면을, 가난한 자들은 사회복지 등을 추구하는 것. 그러나 루소의 이상 국가에서는 각 개인은 공동선을 달성하기 위해 투표한다. 부자들은 사회복지를 위한 과세가 가난한 사람들을 도와줄 것이란 사실을 깨닫고, 가난한 사람들은 세금감면이 경제 등을 활성화시켜준다는 사실을 인정한다는 것.

일반의지와 전체의지는 종종 크게 겹치기도 하는데, 루소는 개별 투표가 양자를 구별 짓는 최선의 수단이라고까지 암시하는 듯하다. 그렇다면 우리는 양자를 어떻게 구분해야 할까? 한 가지 분명한 구별 방법이라면 일반의지는 전체의지와 달리 당파적 색채를 띠지 않는다는 점이다. 만약 상당수의 사람들이 자신들만의 사적인 할당 이익 때문에 결속해서 집단투표를 통해 이익 실현에 힘쓰기로 합의한다면, 그들의 파당적 의지는 일반의지와 조화로운 균형을 이루지 못할 것이다. 그렇게 되면, 공평하게 공동선을 도모해야 할 국가는 오히려 가장 강력한 파당의 이익을 위해 불

공평을 자행하기 시작하는 꼴이 된다.

파벌 없는 이상 국가에서는 일반의지와 전체의지의 차이는 전적으로 시민의 투표 자세에 달려 있는 것처럼 보인다. 건전한 공화국의 개별 시민은 국가의 최선을 확보하기 위해 투표하지만, 그들이 최선이라고 생각하는 것에 대해서는 동료 시민들과 의논하기보다는 각자가 곰곰이 생각해 보아야 한다는 점에서 역설적이다. 개별 투표행위는 파당주의의 극복에는 필수불가결하다.

그러나 우리는 시민들이 투표할 때, 개인이 사익을 전적으로 무시한다는 징표로서 자기의 이익을 도외시해야 한다는 루소의 주장을 받아들여서는 안 된다. 루소는 주권자만이 국가(정치체)에 영향을 미치는 중요한 문제에 대해 권위를 갖는다고 분명히 밝힌다. 이러한 국가 공동의 문제에서는 시민들이 사익보다는 공동선을 생각하는 것이 중요하다. 그러나 설령 주권자라도 정치체의 일부분에만 영향을 주는 문제에 대해서는 아무런 권위를 갖지 못한다. 주권 이외의 문제를 다룰 때는 시민 개개인이 합법적 범위 내에서 자기에게 최선인 것을 마음대로 실현할 수 있다는 점이 매우 중요하다.

Chapters 6-7

사회계약과 주권자에 관한 전반부의 토론은 국가라는 정치체가 어떻게 형성되었는지를 잘 설명해 준다. 그런데 그것이 어떻게 스스로를 존속시키는지를 알려면 법에 대한 논의가 필요하다. 루소는 신에게서 비롯된 보편적이고 자연적인 정의(자연법)가 있지만 구속력이 없다고 넌지시 말한다. 사악한 자들은 신의 법에 복종하지 않기 때문에 우리는 사회 속에 좀더 실제적이고 구속력 있는 법을 확립해야 한다. 그렇지 않으면, 신의 법에 복종하는 사람들이 위반자들의 수중에서 고통을 받게 된다.

루소는 법률이란 보편적으로 적용할 수 있는 일반의지의 추상적 표현이라고 정의한다. 모든 법률은 총체로서의 국민에 의해 제정되고 총체로서의 국민에게 적용된다. 즉 법률은 개별 특수사항을 다루지 않는다. 법률은 개별적 국민이나 단체를 결코 규율할 수 없기 때문에 어느 단체가 어떤 특권을 지녀야 한다든가 어떤 개인이 국가의 수반이어야 한다고 말할 수는 있어도, 어느 특정 개인이나 단체가 이러한 특권의 수혜자가 되도록 결정할 수는 없다.

본래 총체로서의 국민이 희구하는 내용을 기록해 놓은 법은 총체적인 국민이 동의하는 경우에만 실행될 수 있으며, 국민 모두에게 적용되어야 한다. 어느 특정 국민이나 대상에게만 적용되는 주권자의 선언은 법률이 아니라 포고령에 불과하다.

시민사회의 존속은 법률의 존립에 의존하지만, 루소는 입법에 따른 문제를 인정한다. 어떻게 총체로서의 국민들이 함께 머리를 맞대고 법전을 작성할 수 있을까? 여기에는 그 많은 국민이 어떻게 그 같은 문서를 작성할 수 있을까, 라는 문제뿐만 아니라, 국민들이 자신들의 욕구나 자신들에게 최선인 것을 항상 알고 있지는 않다는 문제가 있다. 루소가 제안한 해결책은 입법자의 형태 속에서 나타난다.

찾기가 수월치 않은 이상적인 입법자는 지극히 영리해야 하며, 자발적이고 사심 없이 국민을 위해 일할 의지가 있어야 한다. 법은 크게 국민들의 성격과 행동을 형성하고 규정하기 때문에 입법자는 대단한 통찰력을 발휘해야 한다. 법률이 편견으로부터 자유로우려면 입법자는 자기가 입법하는 국가의 시민이 아니어야 하고, 주권자의 권위 밖과 위에 존재한다. 루소는 그러한 입법자를 발견해내는 어려움을 피력하면서, '법을 제정하려면, 신들이 필요할 것'이라고 말한다.

이러한 과정에는 직접 통치하기를 원치 않는 천재적인 입법자를 찾아내는 어려움뿐만 아니라 국민들이 그 법률을 지키도록 만드는 어려움도 존재한다. 국민들은 어느 특정 개인들이 제정한 법률들을 그냥 받아들이려고 하지 않을 것이다. 역사를 통틀어 볼 때, 입법자들은 국민들이 법률에 순종하도록 만들기 위해 신의 권위나 일부 다른 신성한 권위를 활용해 왔다. 예컨대, 구약에서 모세는 신이 십계명을 주었노라고 주장한다. 법률의 기원을 초자연에 호소하는 행위는 일반적으로 법률의 준수를 보장해 주는 훌륭한 수단이다.

어느 확립된 법률체계에서 살아가기로 동의하는 행위는 크게 사회계약을 규정하는 것이다. 제1부 6-9장의 '풀어보기'에서는 우리가 사회계약을 통해 자연적 자유를 포기하고 시민적 자유를 획득하게 된다면서, 두 자유를 구별했다. 자연적 자유는 본능과 충동에 따라 우리가 원하는 것은 무엇이든 할 수 있다는 점이 특징이다. 시민적 자유는 충동과 본능에 제약을 가해 우리가 합리적으로 사색하고 행동할 수 있도록 가르치며, 공동체를 위해 생각할 수 있는 자유의 단계까지 이르도록 한다.

'참된' 자유를 무제한의 방종이 아닌 합리적 사유능력으로 규정한 철학자는 결코 루소만이 아니다. 만약 우리의 행동이 어떤 종류의 법률에 구속받지 않는다면, 우리는 자유로운 것이 아니라 본능과 충동에 얽매인 노예다. 그리고 만약 우리의 행동이 외부세력의 법률에 구속된다면, 우리는 자유롭지 못하고 외세의 노예에 불과하다. 그렇다면, 위의 문제점들에 대한 해결책은 자유란 우리가 직접 만든 법률에 의해서만 규율되는 행위라고 정의내리는 것뿐이다. 이 해결책을 총체로서의 사회에 확대 적용하면, 시민의 자유를 지탱해 줄 수 있는 유일한 법률들은 총체로서의 시민이 동의한 법률들이다.

루소는 조심스럽게 법과 행정 명령을 구분한다. 행정 명령은 일상 업무적인 사안들이다. 이를테면, 검찰총장을 임명하는 지도자의 행위, 또는 개인들이나 개별 단체 등을 다루는 일 등이다. 법률이란 국민 총체를 위해 국민 총체에 의해 만들어지고, 한 민족이 살아가는 과정에서 따르기로 선택한 일반적 지침들이다. 한 민족이 스스로에게 설정한 구속으로서의 법률은 시민의 자유를 규정한다.

법률은 시민의 자유에 대한 구속을 나타내기 때문에 자연 상태의 인간으로부터 시민사회로의 도약을 의미한다. 이런 의미에서 법률은 우리를 문명화시키는 힘이고, 따라서 루소가 한 국민을 다스리는 법률이 그들의 성격을 크게 규정한다고 믿는 것은 놀랄 일이 아니다. 〈불평등 기원론〉에서 루소는 국민의 악의 근원은 인간 본성이 아니라 나쁜 정부라고 일갈한다. 여기서는 훌륭한 정부, 아니 훌륭한 법률이 훌륭한 시민을 만들 수 있다고 암시한다. 자발적으로 그리고 단체로서 공동선에 이바지할 어떤 구속들을 준수하기로 합의하는 국민들은 결과적으로 보다 나은 국민이 될 것 가능성이 높다.

루소는 법전의 구성 방식에 대해서는 실질적인 해결책을 제시하지 않고, 그 일을 제대로 해낼 사람을 찾기가 얼마나 어려운지를 장황하게 늘어놓는다. 법률체계는 주로 법의 보호를 받고 살아갈 사람들의 권리를 제한하기 때문에 입법자는 어느 국가가 어떤 종류의 시민을 만들어낼 것인지를 결정할 책임이 있다. 여기서 말하는 입법자는 이른바 판사나 법률제정자, 또는 정치지도자나 독재자가 아니라 도덕률을 창안해내는 사람으로 이해되어야 한다. 전술한 바와 같이 도덕성의 기반은 합리성이고, 합리성은 시민사회와 더불어 생겨나며, 시민사회는 입법자 덕분에 존재하게 된다. 루소가 법률의 제정을 초자연과 연관시키는 것을 보면, 심지어 입법자를 성현이나 일종의 예언자로 생각해도 좋을 듯하다.

루소는 입법의 어려움에 대해 언급하면서도 폴란드와

코르시카의 초청으로 두 차례의 헌법 제정을 떠맡았는데, 그 헌법들이 시행되기 전에 폴란드는 분할되었고, 코르시카는 합병되었다. 두 경우 모두 루소는 그 법의 외부에 존재하는 공평한 입법자의 역할을 수행했다. 그는 코르시카 사람도 폴란드 사람도 아니었으며, 아무런 개인적 이익이나 욕심 없이 헌법을 제정했던 것이다.

Chapters 8-12

훌륭한 입법자를 찾아내기란 그리 쉬운 일이 아닐 뿐더러 훌륭한 법률에 어울리는 자격과 준법정신을 갖춘 국민을 찾아내기도 어렵다. 국가는 비교적 건국 초기에 법체계를 수립하고 완성해야 한다. 입법행위가 너무 조급하게 이뤄지면 국민들이 그 법률을 인식하고 따를 준비가 갖춰지지 않을 것이고, 입법행위가 너무 느슨하게 이뤄지면 국민들은 편견에 얽매이고 훌륭한 법률들의 개혁 시도에 저항하려 들 것이다. 드물게는 혁명을 통해 구체제 국가가 새로운 법률 하에서 자유를 되찾기도 하지만, 그러한 혁명들은 단 한 번만 발생할 수 있다.

루소는 이상 국가로서의 면모를 온전히 발현시키려면, 너무 크거나 작지 않은 적정 규모를 가져야 한다고 말한다. 큰 국가는 국가 경영이 매우 부담일 뿐만 아니라 고비용을 초래한다. 단일 중앙 정부보다는 여러 계층의 지방 정부들이 필요하고, 각 단계마다 국민들의 부담이 가중될 것이다.

더욱이 큰 정부는 법과 질서를 유지하는 데 신속성과 정확성이 떨어질 것이고, 관습과 기후가 다른 광대한 영토에 자리 잡은 국가는 국민 모두에게 공평한 하나의 법률을 제정하려면 많은 애를 먹게 될 것이다. 한편, 너무 작은 국가는 끊임없이 마찰을 빚는 이웃 국가들에게 언제든 잡아먹힐 위험에 노출되어 있다.

한 국가 내에서 국민의 수와 영토의 넓이는 조화와 균형을 이루어야 한다. 만일 소수의 국민들이 큰 영토를 차지하고 있으면, 지켜낼 수가 없고 항상 침략당할 위험성이 있다. 그리고 엄청난 수의 국민들이 비좁은 영토에서 살면, 일상생활에 필요한 재화를 타국에 의존하게 되면서 계속 이웃나라들을 침략하고 싶은 유혹에 사로잡힐 것이다. 영토에 대한 적정 인구비율을 결정하는 마법의 숫자 따위는 없다. 그 이면에는 토질, 생산물의 종류, 기후, 주민의 기질 등, 많은 변수들이 존재하기 때문이다.

루소가 한 국가의 입법에 필요하다고 언급한 최종 조건은 풍요와 평화기를 충분히 누려야 한다는 점이다. 법률이 형성되고 자리 잡는 시기에는 잠시나마 국가가 취약해질 수도 있기 때문이다. 그는 이 같은 사항들을 참고해 입법이 가능한 나라는 그리 많지 않다면서 특별한 예외로 코르시카를 꼽는다. "나는 이 조그마한 섬나라가 언젠가는 유럽 전역을 깜짝 놀라게 만들 것이란 예감이 든다."

모든 법률은 자유와 평등의 원칙을 추구해야 한다. 루소가 말하는 '평등'의 진의는 만인이 절대적으로 똑같아야 한다는 것이 아니라, 권력과 빈부의 차이가 국가를 불안정하게 만들면 안 된다는 것이다. 그러나 이러한 일반원칙의 지침 내에는 얼마든지 조작의 여지가 도사리고 있다. 나라마다 욕구와 관심이 다르기 때문에 모든 나라가 따라야 하는 하나의 '올바른' 길이란 존재하지 않는다. 각 나라는 나름대로의 자연적 환경과 주민의 기질과 조화를 이루는 법률을 지녀야 하는 것이다.

루소는 법을 네 가지로 구분한다. (1) 국법, 즉 기본법(수권법, 최고법)은 〈사회계약론〉의 핵심주제다. 이것은 주권 대 국가의 관계, 즉 국가의 근본 구조를 결정한다. (2) 시민법은 개인과 개인 상호간의 관계 또는 개인과 총체로서의 정치체와의 관계를 다룬다. 여기서 민법이 파생된다. (3) 형법은 법률이 위반된 경우를 규율한다. 법률 준수를 위한 징벌 규정이라고 할 수 있다. (4) 도덕, 관습, 여론인데, 국민의 마음속에 새겨져야 할 가장 중요한 법률이다. 다른 법들은 오래되면 낡거나 무효가 되지만 이 법은 오히려 더 중요해지고 힘이 신장된다. 국민의 질적 수준과 성문법 규범의 성공이 여기에 달려 있다.

　　제2부의 말미는 주로 국가 구성요소로서의 국민을 다룬다. 현명하게도 루소는 이론을 전개하는 데 그다지 논리적 독단성을 드러내지 않고, 사람들마다 욕구가 다르고 다른 법률들을 요구한다는 사실에 주목한다. 산악 지역에 거주하는 사람들은 목가적 생활방식을 수립하면 더 유복하겠지만, 해안 거주민들은 어업이나 해양무역에 종사하는 것이 더 낫다. 〈사회계약론〉에서 나타나는 루소의 권고들은 구체적인 것이 아니라 일반적인 수준에 머문다. 예를 들면, 주권자와 법률은 단지 전체로서의 정치체에 영향을 미치는 문제들에 대해서만 권위를 갖는다. 11장에서 주장하는 훌륭한 법률이 지녀야 할 유일한 절대적 요건은 어떠한 경우에도 자유와 평등을 보전해야 한다는 점이다.

　　자유는 〈사회계약론〉의 기본 전제이자 구심점이다. 모든 개인적 예속은 그만큼 국가라는 정치체의 힘을 약화시키기 때문이다. 루소의 주요 의문점은 국민들이 어떻게 정치적 통일체 속에서 그들의 자유를 보존할 수 있는가, 이다. 그가 보기에 평등은 자유의 보존을 위한 필요조건이다. 평등 없이는 자유가 있을 수 없기 때문이다. 〈불평등 기원론〉에서는 사유재산과 물질적 불평등이야말로 인간의 불행과 사악함의 근본 원인이라고 거듭 강조한다. 그리고 다시 〈사회계약론〉 11장에서는 평등이란 권력과 부의 정도가 절대적으로 균등해야 한다는 의미가 아니라 총체적인 물질적 불평등이 자유의 매매를 가능케 만들 정도가 되어서는 안 된다는 의미라고 주장한다. 물질적 불평등이 심화되면, 가난한 자들은 기꺼이 자유를 팔려고 들 것이며, 부자들은 그 자유를 사들일 수 있게 될 것이고, 최상층의 부자들과 최하층의 빈자들은 모두 자유보다는 돈을 중시할 것이다. 따라서 자유가 이익보다 중요하다는 사실이 보장되려면 일정 수준의 물질적 평등은 반드시 필요하고, 입법도 항상 평등 유지를 지향해야 한다.

그럼에도 불구하고 그는 사유재산권도 옹호한다. 지나친 열혈 자본주의에는 반대하지만, 사유재산제도의 전면적인 폐지를 권고하는 사회주의자나 공산주의 사상가들의 대열에는 가담하지 않는 것. 만약 우리가 행하는 모든 것들이 단순히 국가와 공동체의 이익만을 위한 것이라면, 우리는 더 이상 자유로울 수 없다. 추단컨대, 루소는 당대에 공산주의 국가들이 존재했다면, 자유보다 평등을 우선시할 정도로 평등을 추구한다며 비난했을 것이다. 평등은 자유의 필요조건으로서 매우 중요하지만, 그 평등이 해방시키고자 하는 국민들을 노예화시킨다면 스스로에게 반하는 것이 된다.

법과 법이 국민들에게 미치는 영향에 관한 루소의 논의에는 흥미로운 긴장관계가 있는 것 같다. 그는 법률들이

사회계약을 규정하는 특질이고, 따라서 인간의 자유를 보장
하는 데 필요하다면서도 그 같은 법률을 갖출 준비가 된 나
라는 아주 드물다고 시인한다. 그렇다면 극소수의 국가들
만 자유를 누릴 준비가 되어 있다는 말인가? 루소에 따르면,
어떤 나라는 법률을 받아들일 수 있을 만큼 온전히 문명화
되지 못했으며, 또 어떤 나라는 여전히 고루한 편견에 너무
깊이 빠져 있는 나머지 새로운 법률에 적응하지 못한다. 12
장에서 루소는 국가의 복지를 보장하는 데는 명료한 법제
도들보다 더 중요한 것이 도덕이라고 천명하면서도 도덕은
법제도의 형성과 더불어 생겨난다고 말한다. 법제도와 시
민사회 속에서의 생활이 한 인간을 도덕적으로 만든다는 것.
여기서 우리는, 한 국민이 법제도를 받아들이려면 어느 정
도의 도덕성을 갖춰야 하지만, 법제도를 가져야 도덕적이
될 수 있다는 일종의 모순 같은 상황에 봉착한다.

루소는 한 인간을 도덕적으로 성장시키는 법과 시민사
회에 대해 언급하면서, 시민사회를 도덕 이전에 본능의 지
배를 받는 자연 상태와 대비시킨다. 야만적인 문화나 절대
군주 치하의 국민들의 삶 속에서 펼쳐지는 상황들이 어떠
한지는 분명하지 않다. 그들은 자연 상태에 있는 것도 아니
고, 시민적 자유를 누리는 것도 아니다. 그 국민들은 사회생
활을 하고 있으며 틀림없이 합리적이기 때문에 반드시 어
떤 형태의 도덕생활을 영위하지만, 루소는 이 도덕이 어떻

게 발현되는지는 분명히 밝히지 않는다. 다만, 분명히 단언할 수 있는 사실은 야만사회나 절대 군주사회에서의 도덕은 국민들을 공화국의 시민적 자유로 끌어올릴 만큼 충분하지 않다는 점이다.

루소는 아직도 유럽에서 입법이 가능한 희귀한 사례로 코르시카를 꼽는데, 상황이 매우 흥미롭다. 〈사회계약론〉을 저술한 지 2년 뒤인 1764년에 그는 코르시카에 초빙되어 헌법 제정 작업을 했다. 그러나 그 헌법은 1769년 프랑스가 그 섬을 침략해 합병하면서 시행되지 못했는데, 같은 해에 그곳에서 나폴레옹*이 탄생했다. 루소는 거의 꿈조차 꾸지 못했겠지만, 작은 거인 나폴레옹은 프랑스 황제가 되었고 군대를 모스크바로 진격시키면서 실제로 유럽 전역을 '깜짝 놀라게' 만들었다. 나폴레옹은 루소가 상상하거나 존경했던 부류의 사람은 아니더라도 스스로 입법자가 되었고, 나폴레옹 법전은 유럽 이곳저곳은 물론, 한때 프랑스의 지배를 받았던 루이지애나에서도 중요한 법적 전례를 남기고 있다.

---

* **나폴레옹**(Napoleon Bonaparte, 1769-1821): 프랑스 군인, 정치가. 프랑스 혁명 후 쿠데타로 집권하고 국민투표를 통해 황제(나폴레옹 1세)가 되었으며, 전 유럽을 상대로 전쟁을 벌이다가 패한 뒤 유배됨. 가장 큰 업적은 프랑스 혁명 이념을 유럽에 전파한 것.

Chapters 1-2

　　루소는 제3부에서 정부와 행정권(집행권)에 대한 설명으로 서두를 장식한다. 사람의 행동과 마찬가지로 한 국가의 작용은 의지와 실천력으로 분류될 수 있다. 도시의 거리를 걷기 위해서는 우선 그 거리를 걷겠다는 결심 과정을 거쳐야 하고(의지), 그렇게 행동할 수 있는 힘을 두 다리에 지니고 있어야 한다.(실천력) 정치체의 의지는 법으로 표현된다. 법에 대해서는 제2부에서 자세히 다루고 있다. 이러한 법률들을 실행시키는 힘은 정부의 집행권을 통해 나타난다. 정부는 구체적인 행위들과 법률의 적용을 다루기 때문에 일반적이고 총체적인 문제들만 다루는 주권자와는 확연히 구분된다. 정부와 주권자가 서로 혼동되거나 오인될 때 많은 위험이 발생한다.

　　정부와 국민들 사이에는 사회계약 형태가 존재하지 않는다. 국민들이 자신들의 의지와 권력을 주권자에게 양도하는 사회계약과 달리, 정부에는 자신들의 권력과 의지를 이양하지 않기 때문이다. 정부는 주권자의 의지(일반의지)에 따라 수정되거나 해산될 수도 있는 중간 매체다.

큰 국가에서는 각 개인이 주권자의 작은 일부분에 불과하기 때문에 일반의지를 따르려 하기보다는 각자의 특수의지를 따르려는 경향이 더 농후하다. 아주 많은 사람들을 질서 있게 이끌려면 정부는 엄청난 힘을 행사해야 하기 때문에 인구가 늘어날수록 각 개인들에게 상대적으로 더 커다란 힘을 가져야 할 것이다.

한편, 정부의 권력이 강해질수록 행정관들은 권력을 남용하고 지위를 이용하려는 유혹을 받게 된다. 따라서 많은 인구를 통제하기 위해 강한 정부가 요청되는 것처럼 그 강한 정부를 통제하려면 강한 주권이 필요하다.

정부의 적정 권력을 결정할 수 있는 정확한 수학적 공식은 명확히 존재하지 않지만, 루소가 제안하는 타당한 배분공식은 국민의 힘에 대한 정부의 힘의 비율은 정부의 힘에 대한 주권자의 힘의 비율과 같다는 것이다.

루소의 제안에 따르면, 정부는 주권자와 마찬가지로 통일체로 간주될 수 있다. 주요 차이점이라면 주권자는 자신의 이익에 따라 행동하는 반면, 정부는 주권자의 의지, 즉 일반의지의 이익에 따라 행동한다는 점이다. 그럼에도 불구하고 정부는 나름대로 하나의 생명과 자아를 소유하고, 지도자로서 활동하는 최고 행정관뿐만 아니라 자신만의 총회, 위원회, 작위, 직책들을 가지고 있다. 여기서 어려운 점이라면 정부가 일반의지를 자신의 의지에 종속시켜 국민보다는 자신만을 위해 행동하지 않도록 여러 가지 상황을 조절하고 모색하는 일이다. 행정관들은 누구나 세 가지 유형의 의지를 갖는다. 첫째, 자신의 개인적 이익을 추구하는 특수의지. 둘째, 정부의 의지를 표현하는 법인의지. 셋째, 전체로서의 국민의 의지를 실현하는 일반의지가 그것이다. 행정관의 수가 적을수록 법인의지는 특수의지를 닮아가는 경향이 있으며, 국민에 대해서는 상대적으로 더 강하고 적극적인 면모를 보일 것이다. 행정관의 수가 아주 많으면 법인의지는 일반의지를 닮아가겠지만, 국민에 대해서는 상대적으로 더 약하고 소극적인 양태를 보일 것이다. 따라서 강한 정부가 요구되는 큰 국가에서는 행정관의 수가 적을수록 바람직하다.

루소는 추상적인 수준의 정치권력을 다루는 〈사회계약론〉의 처음 두 권에서는 자유와 평등을 기반으로 하는 하나의 공화국이 존립할 수 있는 원칙들을 천명한다. 여기서는 주권자와 법률의 문제를 소상히 다루고 있는데, 두 가지 모두 일반적으로 모든 시대에 걸쳐 모든 국민에게 평등하게 적용된다.

제3부에서는 추상적인 개념에서 구체적인 개념으로 입법부에서 행정부로 이전하면서, 공화국의 수립 원칙들보다는 통치 방법에 대해 논한다. 이를테면, 모두에게 적용되는 일반적이고 보편적인 주권과 법률들보다는 고위 행정관들로 구성되고 구체적인 경우에 권력을 행사하는 정부에 대해 세부적인 설명을 하고 있는 것.

의지와 힘에 대한 루소의 구분은 권력과 권리 사이의 구별과 밀접하게 연관된다. 처음 두 권에서는 의지와 권리를 다루면서, 단순히 사물의 이상적인 존재 상태와 그것에 대한 우리의 의지의 개입 여부를 논한다. 이제 제3부에서는 권력과 강제력, 즉 어떻게 하면 우리는 주변의 사물들을 원하는 방향으로 만들 수 있을까? 어떻게 하면 우리는 사물들이 효력을 발휘하도록 만들 수 있을까? 등을 논한다. 대체적으로 루소는 매우 조심스럽게 강제력과 권리를 구분한다. 이것들을 구분하지 못하면 정부와 주권자를 혼동하게 되고, 그렇게 되면 그로티우스나 홉스 같은 사상가들처럼 1인 주권자로 구성되는 독재 정부에도 신민들을 구속하는 사회계약이 존재한다고 주장하는 오류를 범하게 된다. 강제력과 권리에 대한 적절한 구분은 합법적 정권이 지니는 난해하고도 미묘한 사항들을 파악하는 데 필요하다. 이처럼 루소는 의미 구분을 중요하게 생각하면서도 사회계약에 복종하지 않는 사람들은 반드시 '자유롭게 되도록 강제되어야 한다'(제1부 7장)며 역시 혼란스러워하고 있다.

주권자, 정부, 국민의 상대적인 힘에 관한 논의는 다소 혼란스러운 작업이 될 소지가 있다. 루소는 명증에 도움이 되는 수학적 유추를 통해 자신의 견해를 설명하고자 한다. 그러나 루소 자신도 인정하듯 도덕적인 문제들을 풀어나가면서 수학적인 정확성을 발견할 수는 없고, 그 같은 정확한 비율은 특히 정치권력에 대한 정확한 측정치가 없기 때문에 오히려 오도적일 수가 있다.

루소의 논리적 계산들은 모든 시민들이 한 가지 이상의 의지를 실행한다는 가정에 근거한다. 나는 맨 먼저 한 사람의 개인으로서 나 자신의 이익을 위해 행동한다. 그러나 주권자의 구성원으로서의 나는 또한 일반의지를 염두에 둔 채 생각하고 행동한다. 내가 만약 행정관이라면, 동료들과 힘을 합쳐 법인의지를 갖고 생각하며 행동할 것이다.

나는 100명의 국민으로 구성된 나라에서는 1%의 주권을 구성하게 될 것이고, 만 명의 국민들로 구성된 국가에서는 1%의 100분의 1인 만분의 1에 해당하는 주권을 구성하게 될 것이다. 국가가 크면 클수록 주권을 구성하는 일부인 주체로서의 '나'의 크기는 그만큼 작아지고, 특수의지는 일반의지에의 참여 부분을 그만큼 능가해서 우선권을 점하게 된다. 따라서 큰 국가의 각 개인은 국가의 복지보다는 자신의 행복에 더 많은 관심을 기울이는 것이다. 이 같은 이기적인 무정부 상태를 극복하려면 인구가 많은 국가는 평화와 질서를 유지할 수 있는 강력한 정부가 필요하다고 루소는 주장한다.

강력한 정부가 곧 큰 정부를 의미하는 것은 아니다. 오히려 그와는 반대로 정부가 작을수록 그만큼 권력은 증대된다는 것이 루소의 주장이다. 큰 국가에서 각 개인의 특수의지가 일반의지보다 훨씬 강하게 표출되는 이유는 특수의지는 자신에게만 관심을 국한시키는 반면, 일반의지는 집단의 일부에 불과한 개인들이 모여 총합을 이루는 큰 단체에 관심을 기울이기 때문이다. 마찬가지로, 큰 국가의 각 행정관들은 법인의지는 상대적으로 미약하고, 자신들의 특수의지에는 더 많은 관심을 기울일 것이고, 작은 국가의 각 행정관들은 법인의지가 더 강할 것이다.

인구가 많아질수록 그들을 통제하는 정부는 마땅히 작아져야 한다. 여기서 간과하면 안 될 위험성은 작은 정부의 법인의지가 일반의지보다 훨씬 강해져 일반의지가 무시된다는 점이고, 큰 국가는 일반의지에 대한 각 개인의 충실도가 약해지면서 일반의지가 간과될지 모른다는 사실인 것같다. 그리스 정치철학자들, 특히 아리스토텔레스의 영향을 크게 받은 루소의 사상은 이상적인 정치 단위를 아테네나

스파르타, 또는 그가 성장한 제네바처럼 조그만 도시국가
로 상정하고 있다. 따라서 큰 국가는 그가 추천하려는 이상
적인 국가의 모습에는 어울리지 않는다.

Chapters 3-7

루소는 대략 세 가지 형태의 정부를 설명한다. 전부 또는 대다수 시민들이 행정관의 역할을 수행할 때 출현하는 정부는 민주정, 과반수 이하의 소수 시민들만 행정관의 역할을 수행하는 정부는 귀족정, 한 사람의 행정관(또는 경우에 따라 극소수의 행정관들)이 존재하는 정부는 군주정이다. 모두에게 최선의 자아실현을 보장하는 정부 형태는 이상에 불과하고 현실적으로는 존재하지 않는다. 오히려 루소가 언급했듯 인구가 증가할수록 행정관의 숫자는 상대적으로 그만큼 줄어들어야 한다. 따라서 큰 국가들은 군주제, 작은 국가들은 민주정, 그리고 중간 크기의 국가들은 귀족정이 적격이다.

루소는 민주정의 생존력에 대해 매우 회의적이다. "참된 민주정은 존재한 적이 없고, 앞으로도 결코 존재하지 않을 것이다." 국가란 본질적으로 소수에게 정부의 업무를 처리하도록 하는 경향이 있다. 정부와 주권자가 동일체일 경우, 입법권과 행정권이 결합되어 법률체계를 부패시켜 결국 국가의 파멸로 이어질 위험이 크게 존재한다. 민주정이 성공하려면, 국민이 쉽게 모일 수 있도록 규모가 작아야 하고, 야망이나 탐욕 따위에 물들지 않은 검소하고 정직한 시민들이 있어야 한다. 태생적으로 불안정한 민주정은 내란이나 소요에도 매우 민감하기 때문이다.

귀족정에는 세 가지 주요 형태가 있다. 첫째는 자연적 귀족정. 흔히 원시문명사회에서 발견되며, 사제, 장로, 족장들이 마을이나 부족을 통치한다. 둘째는 선거에 의한 귀족정. 루소가 최고 형태의 귀족정으로 꼽는다. 제도에 의한 불평등이 자연적 불평등보다 우세해짐에 따라 부와 권력이 연령보다 중시되면서 선거를 통해 권력과 부, 또는 통치에 최적의 자질을 갖춘 귀족들이 국정을 담당한다. 셋째는 세습적 귀족정치. 루소가 최악의 귀족정으로 꼽는다. 권력과 재산이 자손에게 넘겨지면서 생겨난 특권을 가진 가문들이 세습적으로 다른 모든 사람들을 통치하는 것. 루소는 행정관들이 공평무사하게 통치할 것으로 신뢰할 수 있는 한, 귀족정이 뛰어난 정부 형태라고 믿는다. 시민들의 자질은 개의치 않은 채 만인이 함께 통치하도록 하기보다는 최고의 소수 엘리트 집단에게 통치를 위임하는 편이 더 낫기 때문이다.

루소는 군주정에 대해서도 민주정의 약점을 지적했던

것처럼 중대한 단서들을 붙인다. 모든 권력이 한 사람에게 집중되어 있기 때문에 엄청나게 효과적이지만, 법인의지가 단순한 특수의지로 전락하기 때문에 역시 위험하다는 것. 만약 어떤 왕이 절대 권력자가 되기를 원한다면, 그의 최고 관심사는 피치자인 국민들을 혹독한 종속관계에 묶어 결코 반란을 일으키지 못하도록 통제하는 것이 된다. 군주정은 수많은 지배귀족들과 하급관료들을 통치 계급 소속성원으로 하는 큰 국가들에 최적이지만, 정부의 직책들이 좀처럼 현명하게 적재적소에 배분되지 않는 경향이 있고, 큰 국가를 단독으로 다스릴 힘을 보유한 군주도 거의 없다. 그리고 왕위 계승의 문제점도 발생한다. 만약 왕이 선거에 의해 취임할 경우에는 선출제도 자체가 심각한 부패와 타락으로 빠져드는 경향이 있고, 만약 왕위가 세습적으로 승계되면 무능한 통치자의 폭정 위험이 계속된다. 또한 세습 군주마다 국정목표가 달라지면 국가는 일관된 정책을 유지할 수 없게 될 것이다. 그밖에도 많은 이유들로 인해 훌륭한 군주를 찾기란 매우 어렵다.

엄격히 말하면, 이 세 가지 유형 가운데 하나에 속하는 정부는 없다. 모든 정부에는 어느 정도 세 가지 정부 유형이 혼재되어 나타나기 때문이다. 군주정은 소수의 행정관에게 권력을 할당할 필요가 있고, 민주정은 권력을 이끌어나갈 적임의 지도자가 필요하다. 대체로 루소는 단순한 형태의 정부를 선호하면서도 권력의 균형을 유지하기 위해 혼합 정부 형태를 권장한다. 예를 들어, 정부가 주권자에 비해 상대적으로 너무 강할 경우, 정부를 다른 권력기관들로 분할하면 그 권력들이 분산될 것이다.

루소는 절대 군주제를 지지했던 홉스나 그로티우스 같은 이전 세대의 철학자들에게 반론을 제기하고자 고대 그리스와 로마의 사상가들에게까지 거슬러 올라가며, 특히 아리스토텔레스의 〈정치학〉 덕을 크게 보고 있다. 아리스토텔레스는 이 저술에서 정부가 다수, 소수, 또는 한 사람에 의해 통치되는 것에 근거해 루소와 유사하게 민주정, 귀족정, 군주정으로 구분하고, 국민들의 성향에 따라 적합한 정부 형태가 필요하다고 인정하면서도 개인적으로는 귀족정을 선호한다. 그러나 두 사람의 주장에서 나타나는 유사점보다는 차이점이 더 흥미로울 수 있다. 루소는 무엇보다도 자유를 귀하게 여기는 반면, 양질의 삶(행복한 삶)에 더 커다란 가치를 부여하는 아리스토텔레스는 그리스 문명의 버팀목이었던 노예제를 지지하고자 자유의 가치를 아주 무시한다.

루소가 귀족정을 선호하는 주요 이유, 아니 민주정과

군주정에 대해 다소 유보적인 태도를 취하는 주요 이유는 행정권과 뚜렷한 실체로서의 법인의지 차단에 깊은 관심이 있기 때문이다. 민주정에서는 법인의지와 일반의지가 혼동되는 경향이 있지만, 군주정에서의 법인의지는 바로 군주의 특수의지다.

우리는 루소가 언급하는 민주정과 그 위험 요소가 오늘날 우리가 경험하고 있는 의미의 민주정이 아니란 점을 깨달아야 한다. 근대 세계는 대개 국민들이 정부에서 자신들을 대표할 관리들을 선출하는 한도까지만 정치에 관여하는 대의 민주정인데, 루소가 언급하는 '민주정'은 국민이 관료로서 통치에 참여하는 직접 민주정인 것. 이 같은 정치 구조에 따를 경우, 모든 시민은 반드시 의회에 함께 모여 국사를 심의해야 한다. 우리가 만약 미국 같은 나라에서 이렇게 하려고 노력하는 모습을 상상한다면, 루소가 작은 국가들에만 민주정을 권고한 이유를 쉽사리 이해할 수 있다.

직접 민주정의 주요 문제는 루소가 감지했던 것처럼 행정부와 입법부의 경계가 모호하다는 점이다. 사회계약 체결의 이상은 시민 개개인의 자유를 보장하는 것인데, 시민들이 선출된 관료들만큼 정부의 업무에 정상적으로 많은 시간을 쏟아야 한다면 이 자유는 심각할 정도로 축소될 것이다. 총체로서의 국민은 입법체로서 스스로 제정한 법률에 동의하고 그 법률을 준수해야 한다. 모든 시민들 상호간의 자유를 보장하는 데는 이것으로 충분하다. 자유란 국가의 일상 업무를 수행하는 행정부의 활동에 의존하지 않는 것이고, 루소가 정부의 형성과정을 정확히 논하는 까닭은 선별된 단체만이 국가의 업무를 다뤄야 하기 때문이다.

선별된 소수로 구성된 정부는 행정부가 부패하게 되고 더 이상 국민을 섬기지 않을지도 모른다는 위험성이 있는데, 특히 군주정에서 상존한다. 행정부가 한 사람으로 축소되기 때문에 군주의 특수의지와 국민의 대표로서의 법인의지를 구분할 만한 객관적 표준이 없는 것. 그 결과, 모든 군주는 국민 전체의 이익보다는 사사로운 이익을 위해 통치하려는 유혹에 직면한다.

그토록 열렬히 자유와 평등을 옹호하는 철학자가 귀족정을 선호한다는 것이 다소 기묘하게 느껴질 수도 있다. 귀족이란 용어는 근대에 들어와 무가치하고 비효율적인 상류층을 의미하는 것으로 받아들여졌지만, 루소는 아리스토텔레스가 채용한 '최고의 통치'란 개념으로 사용하고, '다수의 통치'라는 '민주정'의 자구적 의미와 대비시킨다. 완벽한 세계에서는 선별된 행정관들이 행정 업무를 떠맡을 것이고, 숙련되고 효율적인 이들은 국민의 이익을 위해 봉사할 것이다. 루소는 귀족정이라고 해서 반드시 정치가 이상적으로 펼쳐지는 것은 아니라고 인정하면서도 귀족정의 위험 요소들이 민주정이나 군주정의 그것보다 적고 피하기도 더 쉽다고 생각하는 것 같다.

그러나 루소가 귀족정이 항상 최선의 정부 형태라고 고집하지는 않았다는 점을 되풀이해야겠다. 작은 국가에서는 민주정이 귀족정보다 우수한 성과를 보이고, 큰 국가에는 귀족정보다는 군주정이 적격이다. 귀족정에 대한 루소의 선호는 굳이 밝히자면 그의 고향인 제네바 같은 적정 규모의 도시국가들이 이상적이란 인식에 근거한다. 비록 군주정이 큰 국가의 정부 형태로는 최적이지만, 큰 국가는 정부 형태와는 무관하게 통치하기가 쉽지 않다.

Chapters 8-11

　　루소는 비록 자유가 바람직하다고는 해도 어떤 환경에서나 열리는 열매가 아니라는 몽테스키외의 견해에 동의한다. 한 국가의 정부는 그 어떤 재화이든 직접 생산하지 않기 때문에 국민들이 생산한 잉여물에 의존해 살아야 한다. 정부와 국민들의 관계가 가까워질수록 정부가 징수하는 세금은 그만큼 국민의 감정을 덜 상하게 한다. 따라서 민주정은 잉여물이 희소한 지역에서 살아남을 수 있고, 군주정은 대규모 잉여물이 있는 곳에서 번성한다. 루소는 각 나라의 자연조건이 정부 형태를 크게 좌우한다고 암시한다. 추운 북부 국가들은 잉여물이 희소하기 때문에 민주정을 지탱할 수 있으나, 따뜻한 남부 국가들은 엄청난 잉여물을 소유하며 군주정을 지탱한다. 매우 따뜻한 지방에 사는 사람들은 덜 먹는 경향이 있고, 토지는 비옥하며, 토지를 경작하는 데도 많은 노동력이 필요하지 않다. 노동력의 필요량이 감소하기 때문에 인구가 넓은 지역으로 분산되면 통치가 훨씬 수월할 것이다. 이러한 고려사항들은 모두 군주정이 따뜻한 지역에서 번창하는 증거가 된다.

좋은 정부를 만드는 것이 무엇인지에 관한 많은 논란을 숙고한 루소는 정부의 목표와 쉽게 계산할 수 있는 인구적 요소가 최상의 척도라고 암시한다. 정치결사들은 구성원들의 보호와 번영을 보장하기 위해 존재한다. 점증하는 인구는 국가 번영의 징표이자 좋은 정부의 표식이다. 국가의 평화, 문화, 그리고 다른 요소들은 그만큼 중요하지 않다.

정부와 주권자가 불가피하게 반목하면 양자의 마찰로 인해 정부는 쇠락할 수 있다. 그렇게 되면 정부는 축소—민주정에서 귀족정으로, 또는 귀족정에서 군주정으로—되거나 국가 자체가 해체될 것이다. 국가가 무정부 상태로 치달으면 정부는 주권을 찬탈하는데, 그 같은 권력 장악행위는 사회계약을 파기하는 것이므로 시민들은 사회적 의무들에서 벗어나며 무력에 종속될 뿐이다.

정부와 주권자의 갈등은 결국 모든 국가를 파멸시킨다. 국가들도 인간처럼 태어나면서부터 결국은 죽을 운명이다. 루소는 (그가 좋아하는) 스파르타와 로마 역시 시간이 흐르면서 역사의 현장에서 사라졌다고 지적한다. 국가의 장수는 입법권에 달려 있다고 해도 과언이 아니다. 그 법들이 오랫동안 유지되면, 전통을 지닌 강력한 국가가 된다. 만약 주권자가 그 법들을 계속 유용한 것으로 생각하지 않았다면 그 법들은 몇 번이고 폐기되었을 것이기 때문이다. 반면, 법이 노쇠하면서 약화되는 곳에서는 입법권이 존재하지 않았다는 것이 입증되는 셈이다.

정부에 대한 기후의 영향력에 관해 루소가 독특하게 추리하고 분석한 이론은 일정한 생산과 소비체계에 의존한다. 각 개인은 고정된 일정 분량의 재화—식량, 의복 따위—를 소비해야 하지만, 이것을 동등하게 생산하지는 않는다. 농부와 재단사가 식량과 의복을 생산하는 동안 정부의 행정관들은 그 같은 재화를 전혀 생산하지 않는 것. 따라서 루소에 의하면, 농부와 재단사는 자신들을 위해 충분한 식량과 의복을 생산할 뿐만 아니라, 정부를 보살필 수 있을 만큼의 잉여량도 생산해내야 한다.

이 같은 루소의 이론 구성방식은 다소 모호한데, 우리는 단순하게 자본주의에 대한 수긍쯤으로 이해하면 된다. 행정관들은 공직 수행의 대가로 일정액의 보수를 지급받고, 이 돈으로 식량과 의복을 구매한다. 이를테면, 행정관들은 납세자들의 세금으로 급여를 받고, 개개의 시민들은 종사하는 일이나 장사를 통해 벌어들인 이익에 비례해 세금을 납부하는 것.

그러나 소득과 이윤동기를 부정적으로 바라보는 루소
는 마르크스의 표어—각자 능력에 따라 일하고 필요에 따
라 소비한다.—처럼 생각하는 성향이 더 두드러진다. 농부
들은 자신의 이윤보다는 단순히 필요 이상의 식량을 생산
했고 그 잉여생산물이 행정관들을 먹여 살리는 데 필요하
다는 점을 잘 알고 있기 때문에 일정량을 기꺼이 포기하리
란 것이다. 만약 이것이 루소의 진의라면, 그는 생산된 재화
의 양은 그 어떤 주변 상황에도 불구하고 고정불변의 상수
로 남아 있다는 다소 순진한 가정에 근거해 논리를 전개하
는 셈이 된다. 역사적으로 보면, 노동자들은 잉여물을 창출
해도 개인적으로 얻을 것이 전혀 없다면 근면하게 잉여물
생산에 종사하지 않는 경향을 보인다. 자본주의와 소비주의
는 모든 노동자가 생산성을 향상시켜야 할 직접적인 이윤
동기를 가지고 있기 때문에 엄청난 성공을 거둔 것이다.(여
기서는 자본주의와 소비주의의 외형적 성공이 역사 발전과
인류의 행복에 긍정적인지 부정적인지는 논외로 하자.) 그
같은 이윤동기가 존재하지 않으면 생산성은 감소하고, 잉여
물은 줄어든다. 루소는 잉여생산물의 크기를 결정하는 여러
요소들을 나열하면서도 생산성이 재화의 분배방식에 크게
의존한다는 사실을 제대로 고려하지 못하고 있는 것 같다.

루소는 생산성의 핵심요인을 규명하기 위해 경제학을
논하기보다는 여러 나라와 지방에서 발견되는 기후와 토

양, 그리고 사람 등을 주요 논의 대상으로 삼는다. 한 국가의 위도와 정부 형태는 분명히 직접적인 연관이 없다고 인정하면서도 그 문제의 실질적 요인들이 설령 이와 상반되더라도 자기 이론의 타당성에는 거의 영향이 없다고 주장하는 것은 매우 흥미롭다. 이를테면, 남부 지방이 민주정들로 가득 차 있고, 북부 지방이 주로 군주정들로 배열되어 있다고 하더라도 난대 지역이 군주정을 창출하는 경향이 두드러진다는 이론은 여전히 유효하다는 것. 그렇다면, 루소가 논하는 또 다른 요인들이 기후보다 더 중요하다는 의미가 된다. 이처럼 과감한 주장은 두 가지 의문점을 낳는다. 첫째, 루소 이론의 오류는 어떻게 증명될 수 있을까? 둘째, 그것은 도대체 어떤 종류의 이론일까? 루소는 자신의 이론을 자명한 진리라고 생각하는 것 같지만, 반론자들에게 이의를 제기할 만한 근거를 남겨놓지 않다는 점에서 다소 불충분하고, 기후에 대한 검토는 논리적인 이론이라기보다는 맹목적인 독단에 가깝다고 하겠다.

혹자는 민주정은 소량의 잉여물에 의존해 번성하지만 군주정은 대량 잉여물에 의존한다는 루소의 주장을 이상하게 여길지 모른다. 만약 민주정에서 더 많은 행정관들이 존재한다면, 정부는 먹여 살릴 식구가 늘어나기 때문에 더 많은 잉여물이 요청될 것이다. 그러나 이 경우에 루소는 매우 영민하게도 결정적 요인은 정부의 크기가 아니라 재화가 얼마나 효율적으로 사회 전반에 유통되느냐, 하는 점이라고 주장한다. 절대 군주제에서는 왕이 모든 잉여생산물을 소비하고, 백성들은 그 잉여생산물 창출의 답례로 아무것도 받지 못한다. 그러나 민주정에서는 노동하는 국민들이 통치자인 동시에 피치자이므로 잉여생산물의 혜택을 직접 향유하기 때문에 설령 잉여물이 소량이라도 여전히 잘 살아간다는 것.

마지막으로, 인구 증가가 '좋은 정부'를 규정하는 유일한 최선의 수단이란 루소의 주장이 의문스러울 수 있다. 〈사회계약론〉 전반에 걸쳐 루소는 일관되게 자유와 평등의 중요성을 강조하면서도 이 부분에서는 인구 증가 속에 투영된 국가의 번영이 더 중요하다고 암시하고 있기 때문이다. 그러나 우리가 명심해야 할 사항은 루소가 무엇이 행복한 사회를 만드느냐가 아니라 무엇이 훌륭한 정부를 만드느냐, 라는 점에 대해 말하고 있다는 점이다. 사실상 루소는 바로 뒷부분에서 정부와 주권자는 계속적인 갈등상태에 있고 결국에는 국가를 분열시키게 된다는 사실을 지적한다. 만약 인구수가 안정되고 국가가 번영한다면, 집권 정부는 국민의 자유를 보장하고 있는지의 여부를 떠나 행복하게 권좌에 머물러 있을 가능성이 높다.

Chapters 12-18

주권이 실체를 유지하기 위해서는 모든 시민들이 정기적인 의회에서 회합하는 일이 중요하다. 실현가능성이 희박한 일처럼 들릴지 모르겠지만 루소는 고대 로마 같은 대도시들도 그 위업을 해냈다고 지적한다. 만약 오늘날 그 일이 불가능해 보인다면 논리상의 어려움보다는 국민들의 나태함 때문이다. 일반적으로 국가는 시민들의 회합을 어렵게 만들 정도의 도시 규모를 초과하면 안 된다. 여러 개의 도시들이 통합된 불안정한 국가의 경우에는 고정된 수도를 갖기보다는 도시마다 돌아가면서 정부와 의회를 유치하는 것이 바람직하다고 루소는 권한다.

비록 확정된 시기는 없더라도 정부의 권한이 강해질수록 전체 시민은 그만큼 자주 회합해야 한다고 루소는 주장한다. 국민이 합법적으로 의회를 구성하면 행정권은 정지되며 가장 낮은 시민도 최고 권력자인 행정관과 동일한 발언권을 갖는다. 그 결과, 군왕이 실질적인 상관을 인정하거나 인정해야 하는 기간인 국민의회는 혐오대상이나 위험요소가 되고, 정부는 빈번하게 국민들을 설득해 회합하지 않도록 만들려고 노력하는 모습을 보인다. 시민들이 너무 게으르거나 과묵한 나머지 자유를 행사하지 못하면 정부는 그 틈을 이용해 주권을 훼손할 수도 있게 된다.

의회에서 입법권을 행사하기 위해 직접 회합하기를 원하지 않는 집단들은 종종 자신들의 권리를 옹호하고 업무를 대행할 대표들을 선출한다. 국민들이 자유보다 안락을 중시하고, 국가에 직접 봉사하기보다는 대표들과 용병들에게 돈을 지급할 때, 국가는 와해되기 시작한다고 루소는 말한다. 그리고 '재정'에 대해서는 시민으로서의 책무를 돈지갑으로 대체하려는 수작이라며 조소한다. 대의제란 봉건주의로부터 진화된 근대적인 개념이고, 주권자는 대표될 수 없다는 것이 루소의 주장이다.

고대 그리스에서는 노예들이 대부분의 생산 업무를 처리했기 때문에 시민들의 정기적인 대규모 회합이 가능했다는 사실을 루소는 유념하고 있다. 근대 세계의 국민들은 대표들을 선출해 자신들의 자유를 행사토록 함으로써 스스로를 노예화시켜 왔다.

정부제도에 초점을 맞춘 루소는 다른 이론가들의 주장과는 반대로 정부가 국민들과 행정관들 사이의 계약에 의해 창설되는 것이 아니라고 분명히 밝힌다. 첫째, 주권은 그렇게 자신의 존재를 변형할 수 없다. 둘째, 그 계약은 특별한 구체적 행위가 될 것이기 때문에 주권자의 일반적인 행위가 아니다. 셋째, 그 정부의 창설계약에 효력을 부여할 만한 상위 권력은 존재할 수 없을 것이다. 정부를 창설하려는 결정 자체는 사실상 주권행위에 해당하지만, 어떤 행정관들을 임명하는 행위는 그렇지 않다. 루소의 설명에 따르면, 일시적으로는 주권자가 민주정—시민 개개인이 행정관인 정부—의 성격을 띨 수 있고, 어떤 행정관들을 임명하는 결정은 정부의 특별한 행위다. 일단 행정관들이 임명되고 나면 주권자는 더 이상 정부처럼 행동하지 않고, 정부와 주권자는 두 개의 다른 조직이 된다.

이처럼 정부는 계약이 아니라 법률에 의해 창설되고, 행정관은 통치자가 아니라 관료다. 모든 국민들의 정기 의회는 한낱 정부 따위가 결코 주권을 찬탈하지 못하도록 보장하는 최선의 수단이다. 모든 의회에서 주권자인 국민들은 현 정부와 행정관들에게 계속 권한을 위임할 것인지의 여부를 표결해야 한다.

정부와 국민의회의 구별은 루소의 국가 이론체계에서 절대적으로 중요하다. 그는 이미 정부와 주권자의 마찰에 대해 언급한 바 있다. 권력을 행사하는 정부가 국민의 총체인 주권자보다는 정부 자신을 위해 행동하려 드는 것은 어쩌면 당연한 일이다. 따라서 건전하고 평화로운 국가의 다소 신뢰할 수 있는 정부도 어느 정도의 견제가 존재해야 본연의 궤도에서 이탈하지 않는 법이다.

이러한 견제야말로 국민 주권을 행사하는 표본이다. 이 책의 서두부터 루소는 주권을 일반의지의 표현이자 진정한 국민의 목소리라고 강변해 왔지만, 이 장에서는 단지 일반의지가 자신의 목소리를 표현하는 방법에 대해서만 명료하게 진술하고 있다. 이를테면, 시민들에 의해 합의된 확정 시기가 헌법에 명기되어 있어야 하고, 시민들은 모두 의회에서 총체적으로 주요 관심사항들을 표출해야 한다는 것. 이 기간 동안 행정권은 정지된다. 결국 행정부로서의 정부는 국민을 대표하기 위해 창설된 조직이므로 국민들이 직접 출석했을 때는 대표의 필요성이 사라지기 때문이다. 개회시마다 의회에서 논의될 의제들 가운데 하나는 정부의 업적 판단과 존속 여부다. 국민들은 이 같은 의결제도를 통해 집단적으로 정부를 견제해 자신들의 권리와 이익에 반하는 행위를 하지 못하도록 막는다.

루소가 〈사회계약론〉의 여러 부분에서 몽테스키외의 영향을 받았다고 인정하는 사실을 감안하면, 행정부와 의회 사이의 견제와 균형 사상 역시 그의 이론에서 원용했을 가능성이 크다. 정부를 행정, 입법, 사법 기능으로 분립시키고 견제와 균형의 체계를 접목시킨 몽테스키외의 사상이 미국 헌법에서 최적으로 실행되었다는 점은 아주 유명한 주지의 사실이다.

모든 시민들이 제헌국민의회에 참여해야 한다는 루소의 요청은 오늘날의 관점에서 보면 매우 특이한 주장이자 터무니없는 요구처럼 보이겠지만, 루소는 건전한 국가를 유지시켜주는 본질로 믿고 있다. 그는 자유와 평등의 중요성을 강조해 왔고, (제헌)국민의회의 이념을 전개하는 과정에서는 박애의 중요성을 자유와 평등의 가치만큼이나 강조한다. "자유, 평등, 박애"를 핵심 표어로 내세운 프랑스 대혁명은 루소의 사상에서 엄청난 영감을 얻었다.

정부의 최대 관심사는 당연히 국민의회들을 무력화시키거나 해산시키는 것이다. 만약 국민의회들이 없어진다면, 정부의 권력은 거의 무제한적일 것이기 때문이다. 이러한 이유로 인해 국민들은 정기적·주기적으로 의회에서 회합해야 한다는 내용이 법률에 명시되어야 한다고 루소는 주장한다. 그런데 이 법은 정부의 이기적인 음모와 싸울 수는 있지만, 국민 자신의 나태와는 싸우지 못한다.(우리가 대부분의 근대 민주주의에서 투표 참가자 수를 살펴보면 대규모 의회에서 국사를 심의하고 의결할 때 모든 시민들이 출석할 가능성이 얼마나 낮을지는 미루어 짐작할 수 있다.)

사회계약의 생존은 계약에 임하는 국민들의 열정에 크게 의존한다. 루소에 따르면, 시민적 자유의 행사에 무관심한 사람들은 반드시 자유를 잃을 수밖에 없다.

루소가 혐오하는 '대표'와 '재정'이란 낱말을 보면, 국민들이 총체로서의 주권을 제대로 행사하지 않을 때 잃게 되는 것이 무엇인지를 이해할 수 있게 해준다. 첫째 유혹에 해당하는 대의제는 루소의 박애 개념을 훼손한다. 일반의지는 총체로서의 국민만이 표현할 수 있으며, 그들의 일반의지를 대신 표현할 대표를 선출하면 안 된다. 만약 주권자가 대표된다면, 더 이상 주권자가 아닌 것.

두 번째 유혹에 해당하는 재정은 루소의 평등 개념을 훼손한다. 만약 자본이 넉넉한 자들이 돈으로 국가에 대한 공공의무를 면탈할 수 있다면, 궁극적으로는 국가 자체도 매입 대상이 될 수 있다. 근대 민주정에서도 유사한 사례를 경험할 수 있다. 부유한 이익단체들과 정치적 편견을 지닌 언론매체들의 엄청난 선거운동 기여가 선거를 좌지우지할 만큼 커다란 영향력을 발휘하는 것.

이처럼 국민들이 평등과 박애를 훼손하면, 자유는 더 이상 홀로 설 수 없게 된다. 루소의 사상을 회고해 보건대, 그는 국민들이 사회계약을 체결하고 국민주권을 직접 행사해야만 시민의 자유를 누릴 수 있다고 믿는다. 만약 국민들이 본연의 의무를 망각한 채 돈을 주고 공공의무로부터 벗어나려고 든다면 본질적으로는 노예로의 예속을 사들이는 셈이다. 즉 더 이상 국가의 운영에 대해 하등의 발언권도 갖지 못하고, 국가업무를 관장하는 자들의 노예로 전락해 버리고 마는 것.

이 주장은 다소 생소하게 들릴 수도 있다. 근대의 대의 민주제 속에서 살아가는 우리들 대다수가 정부에 예속된 '노예'들은 아니기 때문이다. 그러나 루소는 우리가 나태해지면 진정한 공화국에서 살 경우에 갖게 될 창의적 주도권과 국가기관으로서의 지위를 모두 잃게 된다는 점을 암시하려는 것이다. 근대 세계에서 살아가는 우리는 소비문화의 향락과 이기적인 나태에 빠져 국가기관으로서의 국민의 지위를 이미 상당부분 상실했는지도 모른다. 이른바 '대표'가 우리의 자유를 지나치게 구속할 수 없을지는 모르지만, '재정'이 루소가 상상하지 못했을 정도로 우리를 노예화시켰다고 말할 수 있지 않을까 싶다.

Chapters 1-4

일반의지는 평화, 단결, 평등이란 단순함이 결여된 국가들에서 술책이나 교묘한 구실에 의해 침묵을 강요당하거나 매도될 수 있지만 결코 소멸될 수 없으며, 또한 변형될 수 없지만 다른 의지, 특히 개별 시민의 특별의지에는 종속될 수 있다. 심지어 일반의지는 전체의지가 일반의지를 더 이상 표현하지 않을 경우조차 시민들이 아무리 주의를 기울이지 않아도 계속 존재할 것이다.

국민표결이나 의회에서 나타나는 만장일치는 건전한 국가의 징표이자 일반의지가 모든 시민에 의해 합의되었다는 상징이다. 모든 국민들이 각자 특수의지만 표현하려고 들면 반드시 의견 불일치가 생긴다. 최악의 경우는 국민들이 두려움 때문이거나 아첨을 하려고 독재자에게 영합하는 표를 던질 때, 만장일치 상황이 재현될 수 있다.

사회계약 자체는 만장일치로 합의가 도출되어야 하고

반대자들은 모두 추방되어야 하지만, 그 외에 모든 주권행위들은 다수결로 결정해도 무방하다. 매우 중차대한 국사를 논하는 표결은 만장일치에 가까워야 하고, 사소한 행정상의 문제들은 다수결이면 족하다. 표결과정에서 불리한 입장에 처하거나 패한 자들은 일반의지를 결정하는 데 오류를 지닌 것으로 판명되면 자신들의 의지가 반작용을 일으키게 해서는 안 된다. 주권자로서 행동하는 국민들은 개인적으로 원하는 것이 아니라 일반의지에 해당한다고 인식되는 것에 표를 던져야 한다.

루소는 추첨에 의한 선거와 선택에 의한 선거를 구별한다. 추첨 선거는 민주주의의 본질이다. 이 경우에 공직을 수행할 사람을 결정하는 유일하고도 공평무사한 방법은 무작위 선출이다. 반면, 선택 선거는 정부가 그 구성원들을 자유로이 선별할 수 있기 때문에 민주정보다는 귀족정에 적합하다. 일반적으로 선택 선거는 군직(軍職)들처럼 일정 수준의 전문성을 요하는 직책을 채우기에 적합하고, 추첨 선거는 모든 국민들이 공통적으로 지니고 있어야 하는 상식, 정의감, 성실성만을 요구하는 정무직을 채우기에 적합하다.

4장에서 루소는 고대 로마의 민회에 대해 길게 논하면서 로마 같은 대도시가 장구한 세월 동안 국민주권을 어떻게 유지할 수 있었는지 보여준다. 당시의 민회는 세 종류였고, 여기에 등록되지 않은 시민은 한 사람도 없었던 만큼 시민 모두가 투표권을 행사했다. 쿠리아 민회는 서민층인 로마 거주민들로만 구성되었고 로마 밖에서 거주하는 부유한 시민(귀족)들은 참여할 수 없었으며, 일반적으로 부패가 아주 심했다. 부족 민회는 원로원 의원들과 부유한 귀족들을 제외한 사람들의 모임이기 때문에 그들의 목소리를 두둔했다. 백인대 민회는 모든 시민들이 참여했으나 군주체제의 원리에 따라 투표는 부유한 시민들에게 아주 유리하게 적용되었다. 루소는 쿠리아 민회에는 지방 부족들이, 부족 민회에는 원로원과 귀족들이 참여할 수 없었기 때문에 백인대 민회만 완벽하다고 찬양하고, 로마 제국은 방대한 크기에도 불구하고 모든 국민들이 총체적으로 입법, 관리 선출, 행정의무 이행 등의 주권을 행사했다는 점에 주목한다.

: 풀어보기

전반부의 설명을 회고해 보면, 일반의지란 공동선을 지향하는 의지다. 그 결과, 일반의지는 시민들에 의해 완전히 무시되더라도 존속할 수밖에 없다. 루소는 일반의지와 시민 개개인의 특수의지의 구별을 아주 중요하게 생각한다. 루소가 주권자를 하나의 집합적 개인으로 다루는 한, 일반의지는 곧 주권자의 특수의지다. 특수의지가 개개인의 최선의 이익을 추구하듯 일반의지 역시 주권자의 최선의 이익,

즉 공동선을 목표로 한다.

건전한 국가의 시민들은 자신을 보다 더 중요한 전체의 일부분으로 간주하며, 일반의지를 인식하고 지향한다. 반면, 불건전한 국가의 시민들은 시민의 의무감을 저버리고 일반의지를 무시하며, 대신 사익을 추구한다. 불건전한 국가에서도 주권자가 존재하는 한, 일반의지는 계속 존재하지만, 그 누구도 주권자의 이익에 관심을 기울이지 않게 되면서 주권자는 부실해진다.

주권자의 결정은 의회에서 국민투표를 통해 이루어진다. 시민들이 주권자로서의 소임을 다하기 위해 회합할 때는 일반의지라고 믿는 바에 따라 투표권을 행사해야 한다. 따라서 때때로 사익에 반하더라도 전체로서의 국가 이익에 적합할 경우에는 기꺼이 일반의지에 따라 투표를 행해야 하는 것이다. 건전한 국가에서는 이 같은 투표 결과들이 대개 거의 만장일치에 도달하는 경향이 있다. 모든 시민들 개개인이 일반의지를 잘 인식하고 있으며, 일반의지에 따라 투표하는 것 이외에는 아무것도 원하지 않기 때문이다. 만약 어느 시민이 그릇된 명분을 위해 투표하고 그런 실수가 투표에 반영되어 패배했을 경우, 자기의 희망사항이 단지 대중적 인기가 없기 때문에 패배했을 뿐이라고 생각해서는 안 된다. 만약 그가 다른 시민들처럼 일반의지라고 믿는 바에 따라 행동했다면 일반의지의 실체를 오해해서 실수를 범했을 뿐이다.

이러한 견해에는 두 가지 문제가 따르게 된다. 첫째는 시민들이 어떻게 일반의지의 본질을 제대로 파악할 수 있는가, 하는 점이다. 만약 주권자가 스위스 치즈와 체다 치즈 중 하나를 국가의 공식 치즈로 결정해야 할 경우를 예로 들어보자. 대다수 시민들은 체다 치즈를 선호할 뿐 아니라, 이유야 어떻든 체다 치즈를 선택하는 쪽이 공동선에 가깝고 일반의지를 표현하는 것이다. 그러나 스위스 치즈를 지지하는 매우 강력하고도 설득력 있는 소수파가 존재한다. 그 소수파는 대다수 국민들이 사실상 스위스 치즈를 선호하며 거기에 찬성표를 던지는 것이 공동선에 부합한다며 용케도 국민들을 설득해낸다. 심지어는 체다 치즈 지지자들조차 스위스 치즈가 일반의지의 표현이란 느낌이 들면 어쩔 수 없이 찬성표를 던져야 한다는 생각을 갖게 될 것이다.

루소의 사회계약 체계 속에서는 국민들은 자신들이 원하는 것이 아니라 모두에게 최선이라고 생각되는 것에 찬성표를 던진다. 그들은 무언가에 혹해 인기 없는 불건전한 선택이 실은 모두를 위하는 일이라고 믿게 되면 설령 자신들의 이익에 반하더라도 의무감에서 찬성할 사람들이다. 의회에 모인 시민들은 사사로운 이익을 주장하려고 모인 것이 아니기 때문에 일반의지에 반하는 선택들이 실제로도 그러한지를 확인할 뚜렷한 방법이 없다. 루소는 시민들이 일반의지라고 여겨지는 것을 결정할 수 있을 만한 기준으로 정직한 직관(사심 없는 양심) 외에는 아무것도 제시하지 않는다.

둘째는 일반의지와 전체의지를 구분하는 것과 관련된 문제다. 근대 민주주의에서 선거는 전체의지를 반영한다. 즉 국민 개개인이 원하는 것을 집계해서 최대 다수의 선택을 따르는 것. 건전한 공화국에서는 전체의지와 일반의지가 일치한다. 모든 시민들이 국가 공동체의 최선의 이익실현을 원하기 때문이다. 그러나 국민들의 특수의지가 일반의지보다 우선하기 시작하면, 둘 사이에는 커다란 불균형이 생긴다. (제2부 1장부터 5장의 '풀어 보기'에서 언급되었던) 이때의 문제점은 일반의지와 전체의지가 모두 국민투표에 의해 결정된다는 사실이다. 만약 양자가 동일한 과정을 통해 결정될 경우, 우리는 도대체 어떻게 양자를 구분할 수 있을까? 선거 결과를 바라보는 방법이나 민의가 실제로 표현되었는지의 여부를 가늠할 기준은 존재하지 않는 것 같다. 따라서 사악한 마음을 품은 스위스 치즈 지지자들은 자신들의 의사를 관철시킬 법률을 통과시킬 수 있으되, 이 투표가 일반의지를 표현하지 못했다고 입증할 만한 객관적 수단은 전혀 존재하지 않는다.

Chapters 5-9

특정한 경우에 루소는 별개의 특수 기구인 '호민관직'의 설치를 권한다. 이 기구는 주권자와 정부, 정부와 국민 사이에서 확고한 균형을 유지하는 일을 하며, 행정권이나 입법권은 없고, 국가의 구성요소도 아니다. 유일한 설립 목적은 법의 안전을 지키고 보장하는 것이다.

드문 경우지만, 국가의 붕괴를 막기 위해 독재가 필요할 수도 있다. 법률은 융통성이 없고, 국민 전체의 안전을 위해 법률의 효력을 일정 기간 정지시켜야 할 상황들이 발생할 수도 있는 것이다. 이때의 독재자는 국민이나 법을 대표하지 않고, 국가의 붕괴를 막는 것이 국민 모두를 위한 길이라는 정도까지만 일반의지에 맞춰 행동한다. 독재는 아주 변덕스러워서 자칫 독재정으로 굳어버릴 수도 있기 때문에 독재자는 단기간만 임명되어야 한다.

검열관은 여론의 대변인 역할을 수행한다. 여론이란 일반 대중의 도덕성과 긴밀한 관련을 맺고, 이 도덕성은 기술한 바와 같이 다시 법률과 긴밀한 관련을 맺는다. 따라서 검열관은 여론의 통합기능을 유지함으로써 법률과 일반 대중의 도덕성을 떠받친다.

루소의 마지막 논의 주제는 오늘날에도 많은 논쟁을 불러일으키는 시민의 종교에 관한 것이다. 루소에 따르면, 초기 사회는 왕을 갖지 않고 신을 가졌다.(신정) 신들은 백성들을 돌볼 책임이 있다고 믿었던 것. 신이 모든 정치사회의 장으로 추대되었다는 사실 하나만으로도 국민들의 수만큼이나 신들이 많았다는 결론이 내려진다. 기독교는 여타의 세속적 왕국과는 현저하게 구분되는 영적인 왕국이 존재한다는 설교를 통해 그 같은 상황들을 바꿔놓았다. 기독교의 신을 섬기는 행위가 반드시 한 국가를 다른 특정 국가와 통합시키는 것은 아니고, 모든 국가의 국민들은 국적이 달라도 똑같은 신을 섬길 수 있게 된 것. 그 결과, 교회와 국가는 더 이상 동일시될 수 없고, 둘 사이에는 긴장관계가 형성된다. 루소는 세 가지 종교를 구별한다. 첫째는 개인적 종교의 성격을 띤 '인간의 종교'로서, 개인과 신을 직접 연결한다. 루소는 개인적으로 이 같은 종교를 숭배했으나(실제로 그러한 신앙을 가지고 있다고 고백하기도 했다.) 그 자체만 놓고 보면 국가를 손상시킨다고 암시한다. 순수한 기독교인은 영적이고 내세적인 축복에만 관심을 갖고, 천국에서의 보상을 위해 현세의 난관을 행복하게 견뎌낸다. 그런

데 건전한 국가는 조국을 강하고 안전하게 만들기 위해 몸소 투쟁하는 열혈 시민들이 필요하다.

둘째는 '시민의 종교'로서, 독단적인 교리와 형식적인 의식들로 가득찬 국가의 공식 종교가 있다. 이 종교는 신앙과 국가의 관심사항들을 결합시켜 국민들에게 애국심과 경건한 준법정신을 가르친다. 그러나 참되고 성실한 경배를 형식적이고 독단적인 의식으로 대체시켜 신앙을 타락시키고, 다른 나라를 배척하는 폭력적인 편협성을 낳는다.

셋째는 루소가 무엇보다 가톨릭교회를 염두에 두고 언급하는 종교로서, 아주 강하게 비판한다. 가톨릭은 한 국가 내에서 두 개의 경쟁적인 법률체계—시민법체계와 종교법체계—를 수립하려고 함으로써 그 어떤 법률도 제대로 시행되지 못하도록 막는 모든 종류의 모순을 만들어낸다.

루소는 처음의 두 종교 사이에서 타협을 모색한다. 주권자는 이미 언급했듯 공적으로 중요한 사항들만 결정할 수 있는 권한을 갖는다. 국민들은 공공의 이해관계에 저촉되지 않는 한, 원하는 방식대로 원하는 대상을 자유로이 숭배할 수 있다. 그러나 모든 시민들은 지극히 기본적인 몇 가지 계율—유일신의 존재, 내세에 대한 믿음, 만인을 위한 정의, 사회계약과 법률의 신성함, 그리고 이교도들 사이에서 발생하는 갈등을 막아주는 편협한 태도의 금지 등—을 지닌 시민 종교에도 충성을 맹세해야 한다.

〈사회계약론〉은 발간과 더불어 금서가 되었고, 루소는 프랑스와 고국인 제네바에서 수배자가 되었다. 당시 사회의 격분은 거의 전적으로 시민 종교를 다룬 부분 때문에 일어났다. 종교당국에서 그것을 신성모독으로 간주했던 것. 루소는 시민 종교를 옹호하면서 그 어떤 형태의 기독교적 칙령들과 모순되는 국가라도 경배하라고 강력히 주장한다.

루소가 시인하듯 시민 종교 사상은 고대 문화에서 크게 영감을 받았다. 거의 모든 고대 문화는 신들을 섬기는 신전과 자기 민족의 기원을 설명하는 신화를 가지고 있다. 그 신들은 그들의 부모이고 보호자들이었다. 어떤 종족이나 부족에 속하는 사람들은 이방인과 이교도들을 배제시키고 신들을 공유한다. 따라서 고대에는 신들에 대한 숭배가 민족을 하나로 묶는 유대와 전통을 강화하는 방법이었다. 이것은 구약에 등장하는 유대인의 유일신에게도 적용된다고 루소는 지적한다. 자주 '이스라엘의 신'이라고 언급되는 그 신은 이스라엘의 여러 부족들을 통합하는 공통의 끈 역할을 한다.

기독교는 복음을 전하는 종교란 점에서 유대교와 다르다. 사도들이 이교도들을 전도하기 시작하자마자 기존의 모든 기독교도들을 연결시키는 문화적이고 종교적 연대는 더 이상 존재하지 않게 되고, 공통의 문화유산을 현세에는 발견하지 못하지만 사후에 천국에서 찾게 된다.

　루소는 특정 국가가 기독교를 구시대의 부족이나 종족에 국한된 종교 따위로 대체하려 해봤자 소용없다고 주장한다. 기독교가 이미 유럽을 점령해 버렸기 때문이다. 원시 부족 종교로 회귀하려고 애쓰는 행위는 마치 자연 상태로 돌아가려는 무모한 노력과 흡사할 것이다. 더욱이 루소 자신도 제네바 캘빈주의 국가에서 자라나고, 경건한 프랑스 가톨릭교들에게 교육을 받은 독실한 기독교인이었다. 종교는 계몽시대의 무신론 지지자들과 극히 의견을 달리한 한 가지 문제에 불과했다.

　루소가 아무리 성경과 복음서를 존중했더라도 당대의 기득권 위에 군림하던 그 종교의 많은 부분에 대해서는 인내심이 거의 한계를 넘어서고 있었다. 그는 가톨릭교회가 피상적인 것은 물론, 양립 불가능한 현실 세계와 천국을 혼합시키려고 한다며 비판했던 여러 선각자들 중에서 최초의 인물도 최후의 인물도 아니었다. 루소의 기독교 정신은 개인적인 성향의 종교였고, 기존 질서를 존중하며 무조건 따르기보다는 자연 사랑과 더 깊은 관련을 맺고 있었다. 이러한 종류의 개인적 신앙은 모든 시민들에게 요구되는 공공생활 측면과 대립되거나 교차되는 부분이 없기 때문에 루소의 정치철학과 양립할 수 있다. 교회와 국가는 서로 갈등을 빚을 수도 있지만, 개인적 종교와 국가는 갈등하면 안 된다. 주권은 공적으로 중요한 일에만 관심을 갖고, 개인의 사적인 신앙은 결코 주권의 관심 영역으로 들어서는 법이 없다.

루소의 시민 종교 사상은 본질적으로 신앙에 힘입어 훌륭한 시민 정신을 강화시킨 고대 사상으로 복귀하려는 시도다. 제2권 7장에서도 루소는 위의 설명과 유사한 이유로 입법자들에게 법률들의 초자연적 기원을 창안해내라고 권한다. 만약 법률들이 신으로부터 나왔다고 믿는다면 국민들의 법률위반 사례는 줄어들게 된다는 것. 루소의 시민 종교는 매우 복잡하거나 엄청난 독단과 교리에 얽매여 있지 않으며, 시민의 생산성과 복종성을 확보하기 위해 의도된 것이다. 그러나 대다수 선진국에서 나타나듯 종교가 국가와 효과적으로 분리되는 시대에도 정치와 종교를 결합시키려는 구태의연한 여러 시도들은 불편하게 느껴질 수 있다.

루소의 국가 숭배 개념은 근대를 살아가는 우리에게는 혼란스러울 만큼 전체주의적인 색채를 드러내는 것처럼 보인다. 루소는 시민 종교의 계율 하나를 조심스럽게 용인하지만, 그러한 행동이 국가에 대한 시민들의 비이성적이고도 비굴한 복종을 막지는 못한다. 사회계약에 동의하는 시민들은 모두의 발전을 위해 합리성에 근거해서 동참하기로 합의한 것이다. 그런데 사회계약을 체결할 때 어느 정도까지 합리성보다는 신앙에 근거하려 든다면, 시민들이 무엇보다 사회계약을 체결하는 목적인 합리성과 시민적 자유를 희생시킬 우려가 있다는 점을 간과하면 안 된다.

역사적인 맥락에서 살펴보면, 프랑스는 대혁명 기간 동안 시민 종교에 관한 루소의 견해에서 영감을 얻어 "최고 존재의 축제"라는 전국 규모의 행사를 실시했다.

Review

다음 질문에 대해 간단히 서술하시오.(―부분은 참고만 할 것)

1. 루소는 문명 이전의 삶을 이상화하는 반면, 토머스 홉스는 원시생활이 가혹하고 불쾌하다고 말한다. 두 사상가가 그처럼 대조적인 견해를 보이는 이유는 무엇인가? 당신은 누구의 견해에 동의하는가? 그리고 그 이유는?

   ― 자연 상태에 관한 루소와 홉스의 주된 차이점은 인간 본성에 관한 개념 차이에서 비롯된다. 홉스는 당시 사회에서 확연하게 나타나는 인간성이 자연 상태에서 표출되었던 인간 본성과 다르지 않다고 여긴다. 따라서 홉스의 견해는 만약 우리가 시민사회로부터 끌려나와 야생 상태로 던져지면, 우리 인간들의 저속하고 이기적인 욕망들을 억제할 문명이 존재하지 않을 것이기 때문에 삶은 '고독하고, 가난하고, 역겹고, 야만스럽고, 단명에 그칠' 가능성이 농후하다는 것이다. 반면, 루소는 인간들이 사회의 나쁜 영향을 받아 이기적이고 사악해졌다고 암시한다. 문명에 오염되기 전에는 삶의 특징이 평화와 연민이었으리라고 상상하는 것. 두 사상가의 견해 가운데 어느 쪽이 옳은지를 판명할 방법은 없다. 그들의 주장을 뒷받침할 만한 과학적 근거나 고고학적 증거들이 전무하고, 개인적 편견에 크게 사로잡힌 추측에 근거해 단정적인 주장들을 펼치고 있기 때문이다.

2. '국민들이 자유롭게 되도록 강제되어야 한다'고 주장하는 루소의 진의는 무엇인가?

— 사람들은 시민사회에 들어서면서 자연 상태에서는 얻을 수 없는 시민적 자유를 얻는다. 이 자유의 특징은 이성과 도덕성을 발휘하는 능력이다. 루소에 따르면, 시민적 자유는 사회계약에 합의하고, 주권자의 일부가 되고, 법률의 형태로 표현된 일반의지에 복종하면 비로소 향유할 수 있다. 법을 어기거나 사회계약을 위반하는 사람들은 그들에게 자유를 던져준 바로 그 제도를 위반하고 있는 것이다. 국가는 국민들에게 사회계약과 법률에 복종하도록 강제함으로써 그들을 온전한 인간으로 만들어주는 시민적 자유를 놓치지 않게 강제할 뿐인 것이다. 달리 말하자면, 국가는 그 범죄자들이 '자유롭게 되도록 강제할' 것이다.

3. 일반의지와 전체의지의 차이점은 무엇인가? 실제로 양자는 어떻게 구분될 수 있는가?

— 일반의지는 주권자의 의지로서, 공동선을 지향하며 법률의 형태로 표현된다. 전체의지는 개인 각자의 특수의지들의 총합에 불과하다. 따라서 일반의지가 주권자로서의 능력 속에서 표현되는 국민의 의지라면, 전체의지는 시민으로서의 능력 속에서 표현되는 국민의 의지라고 구분지어도 무방할 것이다. 그러나 실제로는 일반의지와 전체의지의 구분이 명확하지 않다. 루소의 주장처럼 양자 모두 국민투표로 결정되지만, 그는 어떤 국민투표의 결과가 일반의지인지 전체의지인지를 가늠할 수 있는 기준을 제시하지 않고 있다.

4.   특정한 국가의 국민들의 성격을 결정할 때, 법률은 어떤 역할을 하
     는가?

5.   자유와 평등의 관계는 무엇인가? 루소가 말하는 평등의 의미는?

6.   이 책에서 강제력과 권리에 관한 주제를 찾아보라. 양자의 관계는
     무엇인가? 루소는 두 용어를 사용할 때 일관성을 보이는가? 혹시
     자기모순에 빠지고 있지는 않은가?

7.   루소는 기후, 토양, 인구 유형 등이 한 국가가 가질 수 있는 정부
     형태를 규정한다고 암시한다. 근대 세계에서 당신이 알고 있는 정
     부 형태들에 근거해 판단할 때, 루소의 이론은 얼마나 정확하다고
     생각하는가? 당신이라면 어떤 요소들을 꼽겠는가?

8.   루소에 따르면, '재정'과 '대표'가 불러일으키는 문제점은 무엇인
     가?

9.   루소는 정부와 주권, 그리고 정부와 국민들 사이에 존재하는 긴장
     에 대해 자주 논한다. 이러한 긴장이 존재하는 이유는 무엇인가?
     그 긴장이 필요한 이유는?

10. 루소의 사상과 근대 민주주의 사상과의 주된 차이점은 무엇인가?
     우리가 루소의 가르침을 따르면 얻을 수 있는 것은? 위험스러운 점
     은?

다음 질문에 알맞은 답을 고르시오.

1. 루소에 따르면, 합법적인 정치권력의 바탕은 무엇인가?
   A. 노예제도
   B. 사회계약
   C. 자연
   D. 강제력

2. 루소에 따르면, 사람들이 절대 왕정에 자신들의 자유를 넘겨주고 그 대가로 얻는 것은 무엇인가?
   A. 보존
   B. 안전 보장
   C. 평화
   D. 가치 있는 것이 없음

3. 다음 중 루소가 합법적인 사회계약을 통해 형성되는 정치적 연합을 묘사하기 위해 사용하는 용어가 아닌 것은?
   A. 공화국
   B. 주권자
   C. 왕정
   D. 국가(정치체)

4. 다음 중 루소가 합법적인 사회계약을 통해 형성되는 정치적 연합의 구성원을 묘사하기 위해 사용하는 용어가 아닌 것은?
   A. 시민
   B. 노예

        C. 신민

        D. 국민

5.   다음 중 루소가 선호하는 것은?

        A. 권력 세습

        B. 사유재산의 폐지

        C. 사형

        D. 국민투표

6.   다음 중 법률의 예가 아닌 것은?

        A. 모든 시민은 월례 집회에 참석해야 한다.

        B. 스톡웰 데이는 캐나다 공식 야당의 지도자다.

        C. 영국의 국가수반인 왕은 세습에 의해 결정된다.

        D. 반역죄의 형벌은 사형이다.

7.   다음 중 입법자에 대한 설명으로 맞는 것은?

        A. 일반적으로 신에게 호소해 권위를 세운다.

        B. 자기가 법을 제정하는 그 국가의 시민이다.

        C. 총선거에서 선출된다.

        D. 일단 법을 제정하고 초대 국가수반이 된다.

8.   다음 중 거대한 국가에 영향을 줄 수도 있는 문제점으로 거론되지
       않은 것은?

        A. 지나치게 복잡한 관료주의

        B. 강력한 이웃나라의 침략과 합병

        C. 하나의 법률이 기후가 다르고 위치가 다른 지역에 거주하는 사
            람들에게 똑같이 적용될 수 없다.

        D. 정부가 신속하고 정확하게 법과 질서를 유지할 수 없다.

9. 다음 중 가장 중요한 법의 종류는?

    A. 정치법

    B. 시민법

    C. 형법

    D. 도덕, 관습, 여론에서 유래한 법

10. 다음 중 루소가 큰 국가에 추천하는 것은

    A. 정부가 더 약해져야 한다.

    B. 행정관이 많아야 한다.

    C. 행정관이 더 적어져야 한다.

    D. 선거를 자주 해야 한다.

11. 정부 구성원으로서의 행정관이 행사하는 의지는?

    A. 일반의지

    B. 법인의지

    C. 특수의지

    D. 내가 의지를 행사하지 않으면 어느 누구도 의지를 행사하지 않
       을 것이다.

12. 다음 중 루소가 왕정과 연계시키지 않는 위험은?

    A. 왕은 백성보다는 자신을 위해 통치한다.

    B. 법인의지와 일반의지가 혼동될 수 있다.

    C. 왕은 권력을 제대로 위임하지 않을 것이다.

    D. 혼자 통치하려면 엄청난 힘이 필요하다.

13. 루소가 생각하는 최고 형태의 귀족정은?

    A. 자연적 귀족정

    B. 선거에 의한 귀족정

C. 세습에 의한 귀족정

D. 환경에 따라 다른 형태

14. **민주정은 어떤 환경에서 번창하는가?**

A. 잉여생산물이 적을 때

B. 남부 기후에서

C. 인구가 밀집되지 않을 때

D. 국민들의 식량 소비가 많지 않을 때

15. **다음 중 루소가 국민의 박애를 훼손할 수도 있다며 반대한 것은?**

A. 정부

b. 재정

C. 왕정

D. 대표

16. **국민의회에서 매번 표결해야 할 사안은?**

A. 다음 의회의 개최시기

B. 사회계약의 해지 여부

C. 현 정부의 집권 여부

D. 국민들의 차기 지도자

17. **루소가 추첨식 선출을 선호하는 경우는?**

A. 귀족정에서

B. 군직을 선출할 때

C. 민주정에서

D. 행정 업무를 결정할 때

18. 다음 중 루소가 어떠한 상황에서도 지지하지 않는 것은?

A. 사형

B. 노예제도

C. 독재

D. 왕정

19. '시민 종교'의 예는?

A. 가톨릭교회

B. 고대 그리스의 신들

C. 신과의 사적인 관계

D. 소승불교

20. 다음 중 루소와 가장 가까운 '주의'는?

A. 전체주의

B. 자유주의

C. 공산주의

D. 공산사회당

정답 |

1. B   2. D   3. C   4. B   5. C   6. B   7. A   8. B   9. D   10. C

11. B   12. B   13. B   14. A   15. D   16. C   17. C   18. B   19. B   20. D

一以貫之 논술노트

인간은 자유인으로 태어났으나 어디서나 쇠사슬에　○

실전 연습문제　○

一以貫之는 '논어'에 나오는 말로 '모든 것을 하나의 이치로 꿴다'는 뜻입니다.

논술의 주제와 문제 유형, 제시문들은 참으로 다양하고 가지각색입니다. 그러나 그 모든 것을 하나로 꿸 수 있습니다. '인간사회의 보편적 문제들에 대한 근원적인 물음에 답하는 자기 나름의 견해'라는 것이지요. 논술은 인간이면 누구나 부닥치는 개인적 또는 사회적 문제들에 대한 자기 나름의 고민이자 성찰입니다. 논술은 자기견해, 자기 가치관, 자기 삶에 대한 솔직한 고백입니다.

一以貫之 논술연구모임은 '자신의 물음'과 '자신의 생각'을 갖고 '자신의 글'을 쓸 수 있도록 도와줍니다.

〈집필진〉
박천호, 김재년, 이호곤, 우한기, 박규현, 김법성, 김병학, 도승활, 백일, 우효기, 조형진

인간은 자유인으로 태어났으나 어디서나 쇠사슬에…

　　장 자크 루소는 많은 저작을 통해 "인간은 본성적으로는 선하지만 사회 속에서 타락한다"는 대전제 하에 다양한 주제를 다루고 있다. 그는 〈인간 불평등 기원론〉에서는 도덕철학자와 인류학자, 후기의 저작인 〈에밀〉에서는 교육자, 〈사회계약론〉에서는 국민주권론에 근거한 정치학자의 면모를 나타낸다. 이를테면, 〈인간 불평등 기원론〉에서는 사유재산의 성립으로부터 시작된 인류 문명은 근대 시민사회에 이르기까지 지배 계급이 입법과 공권력을 통해 빈부를 고착화하고 사회적 모순과 불평등을 증폭시켰다며 인간이 자연 상태의 자유를 상실하고 타락하게 된 원인과 과정을 보여주었다면, 〈사회계약론〉에서는 구성원들 간의 평등관계에 기초한 사회계약을 통해 정치적 자유를 획득함으로써 참된 정치 질서를 회복할 수 있다고 주장한다.

　　루소는 몽테스키외, 볼테르 등과 함께 프랑스 계몽주

의의 대표적인 철학자로 알려져 있지만, 바람직한 정치 질서와 정부에 대한 생각은 전혀 달랐다. 몽테스키외는 권력을 고등법원 인사를 중심으로 한 귀족에게, 볼테르는 절대왕정의 개혁을 통해 부르주아 세력에게 정부 구성 권한을 부여하는 것이 타당하다고 생각했던 반면, 루소는 모든 권력의 정당성은 평등한 권리를 갖는 국민에게 있다고 보았다. 이처럼 그는 집권자가 국민적 합의를 무시하고 전횡을 자행할 경우, 정부에 대한 저항과 전복이 정당하다는 사상적 기반을 제공함으로써 프랑스 혁명에 직접적인 영향을 미친 것으로 평가된다.

홉스, 로크, 그리고 루소의 사회계약설

'사회계약'이란 말은 루소가 가장 먼저 사용했지만, 국가는 평등하고 이성적인 국민의 자발적 동의에 의한 계약을 통해 형성된다는 이른바 사회계약설은 홉스와 로크 등의 철학자들이 이미 설파한 바 있다. 그러나 그 구체적인 내용에는 차이가 있다. 홉스는 '만인의 만인에 대한 투쟁'이란 유명한 어구에서 파악할 수 있듯, 자연 상태를 이기적인 개인들의 상호 적대가 지배하는 공간으로 파악하고, 이 같은 혼돈 상황을 타개하기 위해 개인들이 자신의 자연권

을 지배자에게 양도함으로써 자신의 안녕과 평화를 유지
하려 한 것이 국가 성립의 기원이며, 국가와 사회의 유지
도 개인들 상호간의 '신뢰'보다는 계약위반자에 대한 응징
을 가능케 하는 강한 권력이 필수적이라고 강조한다. '칼
(sword)을 갖지 않은 계약은 단순한 말(word)'이란 언명
에서 볼 수 있듯 홉스는 '리바이어던(Leviathan)'이란 강력
한 주권자의 존재와 물리적 처벌 위협을 통해 사회의 평화
와 국민의 안전이 보장될 수 있다고 믿었다. 주권자인 군주
는 국가의 대리자로서 입법과 사법을 관장하고 강제력을
행사할 수 있는 모든 권한을 보유하며, 군주에 대한 저항은
결코 정당화될 수 없고, 군주의 권위는 무제한적이고 절대
적이다. 따라서 국민이 군주에게 반역하는 것은 여하한 경
우라도 죄악이며, 주권자의 권력은 불가분의 절대적인 것이
다. 심지어 그는 국가 권력이 오용될 가능성은 전혀 존재하
지 않는다고까지 생각했다. 이 같은 홉스의 사회계약설은
국가의 성립 과정에서는 국민과 주권자 사이의 '계약'을 언
급하지만, 계약 성립 이후에는 국민이 주권자에 대해 어떠
한 방식으로도 계약을 파기할 수 없으며, 저항권 역시 인정
되지 않는다는 점에서 실질적으로는 절대 왕정을 옹호하는
논리라고 할 수 있다. 물론, 그 시대가 개별 시민들이 행복
한 삶은 고사하고 생명 유지라는 가장 기본적인 욕구조차
보장받지 못한 끊임없는 전쟁의 시기였다는 점을 감안한

다면, '생명 보전'을 지상목표로 설정하고 논리를 전개했던 그의 주장을 이해할 수 있을 것이다. 그러나 오늘날의 관점에서 평가하면, 이미 국가가 성립된 상황에서 주권자와의 계약을 조정할 수 있는 수단은 국민에게 존재하지 않기 때문에 국민과 주권자 사이의 계약은 사실상 '노예계약'이나 마찬가지다.

그것에 비해 로크의 사회계약설은 민주적 정체(政體)라는 관점에서 볼 때 한 발 진보한 모습을 보여준다. 로크에 따르면, 국가 성립의 근거가 되는 계약에 의해 개인이 자신의 권리를 지배자에게 위임했더라도 개인의 생명과 재산권, 자유는 양도될 수 없다. 특히 '재산권'은 신으로부터 부여된 신성불가침의 권리로 파악한다. 또한, 홉스에게는 '만인의 만인에 대한 투쟁' 상태였던 자연 상태는 로크에 이르러 개인들의 '자유롭고 평등한' 상태로 변모한다. 그럼에도 불구하고 로크의 세계에서 사회계약이 필요한 까닭은 바로 그가 인간의 절대적인 권리라고 주장했던 '재산권'을 보호하기 위해서다. 자연 상태에서는 개별 시민이 소유권을 침해당했을 때 분쟁을 해결할 수단이 존재하지 않는다. 따라서 개인의 자유와 재산권이 매우 불확실한 상태이기 때문에 각 개인의 재산권을 보호하고 침해가 발생했을 때 사적 제재가 아닌, 사회계약에 따라 형성된 공동체에 처벌을 위임하는 것이 필요하다고 생각했던 것. 계약의 목적은 각자의 생명과 자유와 재산을 사회 안팎의 침해로부터 보호하고, 평화롭고 안전하며 행복한 생활을 영위하는 것이다. 이렇게 국민은 사회계약에 따라 자신의 자연권을 국가에 양도하지만, 통치자가 국민의 의사를 무시하고 기본권이나 재산권을 부당하게 침해하면 저항권을 갖는다고 보는 점에서 홉스와 차이가 있다.

홉스는 국민의 자유권은 사회적 혼란과 투쟁 상태만을 낳기 때문에 강력한 권력을 지닌 절대 군주에 의해 엄격히 제한되어야 한다고 생각했다. 로크도 정부와의 계약을 파기하고 새로운 정부를 선출할 수 있는 국민의 저항권을 명시하고 있지만, 그들의 자유권 역시 계약을 통해 주권자에게 양도되며, 국민은 정부가 기본권이나 재산권을 침해하지 않으면 정부 선출 이상의 정치적 자유권을 가질 수 있는 근거는 존재하지 않는다고 한다. 그러나 루소는 주권은 오로지 국민의 자유의지에 근거할 때만 유효하며, 국민의 권리는 대리자나 통치자가 아니라 전체로서의 공동체에 양도하는 것으로 보았다. 즉 시민사회를 구성하는 개인들이 불가양(不可讓) · 불가분의 주권을 행사해 시민의 '일반의지'에 입각한 정치 공동체를 구성해야 한다고 주장했던 것.

'계약'을 통해 형성되는 공동체의 모습

홉스는 사회계약을 통해 전쟁과 혼란 상태를 종식시키고 안정적이고 평화로운 삶을 회복하려 했으며, 로크는 절대 군주의 전제로부터 개인의 자연권과 재산권을 보호하려 했다고 볼 수 있다. 그렇다면 과연 루소는 무엇을 얻고자 했을까?

어떠한 사람도 그의 동포에 대하여 태어날 때부터 권위를 가지고 있지 않는 것이므로, 그리고 폭력은 어떠한 권리도 생산하지 않으므로, 인간 사이의 모든 정당한 권위의 기초는 약속밖에 없다.(23쪽)

루소는 먼저 정당한 권위는 물리적 폭력이 아닌, 계약에 의해서만 유래할 수 있다는 점을 논증하고, 사회계약을 통해 달성하려는 목표가 무엇인지 진술한다.

"개인과 각 개인의 재산을 전 공동력으로 방어하고 보호하는 하나의 결합 형태를 발견하고, 이 결합 형태에 의해서 각자가 전체에 결합하면서도 자기 자신에만 복종하고, 전처럼 자유를 잃지 않아야 한다." 이것이야말로 '사회계약'에 의해서 해결되는 근본적 문제이다. 이 계약의 제 조항은 그 계약의 성질상 조금만 수정해도 그 조항들이 헛되이 되고 무효가 되도록 규정되어 있다. 그러므로 설사 그 조항들이 정식으로 명문화된 적은 없다 해도,

그 조항들은 어디에서나 동일한 것이며 어디에서나 말없이 승인되어 왔다. 사회계약이 파괴되어 각자는 처음의 권리로 되돌아가 계약에 기초를 둔 자유를 잃고, 계약으로 인해 포기했던 자연의 자유를 되찾을 때까지는.(29쪽. 이하 쪽수는 〈사회계약론〉을 유문화사 이가형 역)

이 기본적 계약은 자연적 평등을 파괴하기는커녕 그와 반대로 도덕적 및 법률적 평등을, 자연히 인간 사이에 설치한 체제 내적 불평등에 대치하며, 또 인간은 체력과 타고난 재질에서는 불평등할 수 있지만 계약과 권리에 의해서 모두가 평등하게 된다는 것이다.(36쪽)

계약이 성립되면 홉스의 국민은 절대 군주에게, 로크의 국민은 선출된 대표에게 자신의 권리를 양도해야 한다. 그러나 루소의 국민은 자신의 권리를 통치자에게 양도하지 않는다. 각 개인들은 계약에 의해 공동체를 형성하는 가운데에서도, '자기 자신에만 복종하고, 전처럼 자유를 잃지 않는' 평등하고 자유로운 개인으로서의 지위를 유지한다. 그리고 계약의 근본정신에 위배되는 수정이 가해질 경우, 계약은 파기되어 각 개인들은 다시 자연 상태의 자유를 회복할 수 있다. 이처럼 각 개인이 지배자가 아닌, 전체로서의 공동체에 자신의 재산과 권리를 양도함으로써 공동의 힘을 통해 자신의 신체와 재산을 방어하고 보호할 수 있는 결사체를 구성하는 것이 루소가 사회계약을 통해 만들고자 하는 공동체의 모습이었다.

〈사회계약론〉에서 루소는 개인과 국가, 자기 이익과 의무 사이에서 생기는 갈등에서 야기된 문제를 해결하고자 노력한다. … 해결책은 모든 사람이 자기 자신을 모든 권리와 재산과 함께 전적으로 공동체에 맡기는 것이다. 이러한 기탁은 개인과 전체 사이에 이루어지는 것이지 개인과 개인 사이에 이루어지는 것이 아니며, 이렇듯이 어느 누구도 자신을 타인의 수하에 놓지 아니한다. 모든 사람이 모든 것을 내놓기 때문에 계약은 평등하다. 어느 누구도 자신을 자기 행위의 심판자라고 주장할 수 있는 권리를 유보하지 않는다. 그러므로 개인과 국가 사이에는 갈등의 원천이 존재하지 않는다. 왜냐하면 개인들은 법을 자기 행위를 판단하는 절대적인 기준으로 받아들이기로 계약했기 때문이다. … 각 개인은 법의 제정에 참여한다. 법은 일반적이다. … 입법자로서 그는 단지 모든 사람이 의욕한 것만을 의욕해야 한다. 시민으로서 그는 자신이 입법자로서 의욕한 것을 따라야 한다.(스트라우스와 크롭시. 436-437쪽)

루소가 사회계약을 통해 이루고자 했던 이상적인 공동체의 모습은 언뜻 비현실적이고 공허해 보인다. 작은 집단이 아닌 근대 국가와 같은 큰 공동체에서 국민을 대표하는 정부가 없이 각 개인이 입법에 참여해 직접 의사를 결정하는 것은 불가능하기 때문이다. 루소 역시 이러한 직접 민주주의를 고집한 것은 아니었으며, 선거를 통한 정부의 구성과 대표의 선출이 필요하다고 생각했다. 루소는 이러한 공동체의 이상적인 모습과 현실 사이에 존재하는 괴리를 두 가지 방안으로 해소하고자 했다. 첫째는 공동체의 방향을 제시하는 최고의 원리이자 무오류의 존재인 '일반의지'와 '특수의지'를 구분하는 것이며, 둘째는 '일반의지' 및 '주권'과 '정부'를 분리시키는 것이었다.

언제나 정당하며, 공공의 이익을 지향하는 '일반의지'

"우리는 각자가 자기 개인과 자기의 모든 힘을 합동으로 일반의지의 최고 지도하에 두며, 우리는 다시금 구성원을 분리할 수 없는 부분으로 받아들인다."(30쪽)

〈사회계약론〉에서 '일반의지'의 개념이 차지하는 비중은 매우 크다. 루소는 '일반의지'의 개념을 통해 기존의 사회계약설과 구별되는 국민주권에 근거한 사회계약설을 제시할 수 있었다. 그는 일반의지를 '특수의지'와 대비시키는데, 일반의지는 특수의지

와는 달리 '모든 사람이 지각을 가지고 의욕하는 것만을 의욕한
다'.(스트라우스와 크롭시. 438쪽)

　　루소의 일반의지는 국가 간의 질서를 규율하는 것을 목적으
로 하는 것이 아니라, 공동체를 지도하는 최고 원리로 규정된다.
… 둘째, 일반의지는 한 개인의 오성에서 도출될 수 있는 것이 아
니라, 다수의 인간들이 서로의 생존을 위하여 서로 간에 계약을
체결할 때 생성된다. 개인 각자가 우리라는 전체가 '요구하는 정
도'에 따라 신체와 재산을 포함하는 모든 것을 양도할 때, 이 모든
공동의 것을 지배하는 우리의 최고 의지가 바로 일반의지인 것이
다.(〈현대 정치학 서설〉 김용민 외. 37쪽)

　　어째서 일반의지는 언제나 정당한가, 그리고 왜 모든 사람이
언제나 그들 각자의 행복을 원하는가? 그 까닭은, 각자라는 말을
자기를 위해서 생각하지 않거나 또 전체를 위하여 투표를 하면서
자기 자신을 염두에 두지 않는 사람은 없기 때문이다. … 일반의
지가 참으로 일반의지이기 위해서는 그 대상에서도 그의 본질에
서와 마찬가지로 일반적이어야 한다는 것을, 일반의지는 모든 사
람에게 적용되기 위해서는 모든 사람으로부터 출발해야 한다는
것을, 그리고 또 일반의지는 어느 특정한 개인적 대상을 향할 때
에는 그 본래의 공정성을 잃는다는 것을 증명한다.(42쪽)

　　루소는 개별 시민들이 일반의지에 따르지 않고 자신의 특수 이익에 근거해 행동하며, 공동체가 각 구성원의 특수의지에 따라 작동할 경우, 그 공동체의 파멸을 불러오게 될 것이라고 경고한다.

　　실상 각 개인은 그가 시민으로서 갖고 있는 일반의지에 반대되는, 또는 동화되지 않은 특수의지를 인간으로서 가질 수가 있다. 즉 개인의 특수 이익은 공동 이익과는 달리 개인을 충동할 수가 있다. 그의 절대적인, 그리고 당연히 독립적인 생존은, 그로 하여금 공공에 대한 의무가 무상의 기부 행위이며, 그 손실은 이 지불이 그에게 끼치는 부담보다는 타인에게 덜 해롭다는 생각을 갖게 할 것이다. … 그는 신민의 의무를 수행하려고 하지 않고 시민의 권리만을 즐길 것이다. 이러한 부정(不正)의 발전은 정치체의 파멸을 야기할 것이다.(.32쪽)

　　정부의 붕괴는 특수의지가 일반의지를 대체할 때 발생한다. 이것은 무정부 상태나 독재정부를 초래한다. 개인들이 각자 자기가 원하는 방향으로 가고자 할 때 무정부 상태가 초래되며, 한 개인의 특수의지가 정부를 지배할 때 독재정부가 초래된다.(스트라우스와 크롭시. 450쪽)

　　그렇다면 일반의지는 어떻게 파악될 수 있는가? 일반

의지는 근대 민주주의 국가에서 일반적인 의사결정 방식
인 다수결에 의해 구성되는 것이 아니다. 다수결에 의한 결
정이 항상 무오류의 결과를 보장하는 것은 아니기 때문이
다. 역사적으로도 가장 억압적이고 비인도적인 정부 중 하
나라고 할 수 있는 히틀러의 나치 정부가 독일 내에서 95%
가 넘는 국민 지지를 받았다는 사실만으로도 루소의 주장
이 틀리지 않다는 것을 알 수 있다. 루소는 일반의지와 구
별되는 국민 다수의 의지를 '전체의지'라고 정의하면서, 이
전체의지와 일반의지가 항상 일치하지는 않는다는 점을 명
확히 하고 있다.

전체의지(will of all)와 일반의지 사이에는, 때로는 상당한
차이가 있다. 후자는 공동의 이익에만 주목한다. 그와는 반대로
전자는 사적 이익에 주목하므로 특수의지의 총화에 불과하다. 그
러나 이와 같은 특수의지에서 서로 상쇄하는 과실과 부족을 제하
면 서로의 차이들이 남게 되는데, 그렇게 남아 있는 차이들의 총
화가 일반의지이다.(40쪽)

'지배자'가 아닌 '대리인'으로서의 정부

루소는 '일반의지'의 개념을 공동체를 운영하는 최고

의 원리로 설정하고, 주권을 일반의지의 표현으로 이해함
으로써 국민에 의해 선출된 정부를 '통치자'가 아닌 주권자
의 '대리인'의 지위로 조정할 수 있었다.

개개인의 이해의 대립이 사회의 설립을 필요로 했다면 그 사
회의 설립을 가능하게 한 것은 이해의 일치이기 때문이다. 이 상
이한 이해 속에 있는 공통적인 것이야말로 사회적 유대를 형성하
는 것이다. 그리고 가령 모든 이해가 일치하는 어떤 공통점이 없
다면 어떠한 사회도 존재할 수가 없을 것이다. 그런데 오로지 이
공동 이해에 의거하여 사회는 다스려져야 한다. 그러므로 나는 주
권이 일반의지의 행사에 불과하므로 결코 양도될 수는 없으며, 또
주권자는 집합적 존재에 불과하므로 자기 자신에 의해서만 대표
된다고 주장한다. 권력은 옮겨질 수 있으나 일반의지는 옮겨지지
않는다.(37쪽)

주권은 양도할 수 없다는 것과 같은 이유로 분할할 수 없다.
왜냐하면, 의지는 일반적이거나 그렇지 않으면 일반적이 아니거
나 둘 중의 하나이기 때문이다. 즉 그것은 국민 전체의 의지이거
나 일부분의 의지에 지나지 않거나 그 둘 중의 하나이기 때문이
다. 전자의 경우에, 이 표명된 의지는 주권의 행위이며 법률이 된
다. 후자의 경우에는 이것은 특수의지이거나 행정기관의 한 행위
에 불과하다.(38쪽)

　루소에 의하면, 주권은 양도될 수도 분할될 수도 없다. 주권은 일반의지의 행사에 불과하기 때문에 국민에게 속한 것이며, 통치자 개인이나 선출된 대표자 집단에게 속할 수 없는 것이기 때문에 양도될 수 없다. 또한, 주권이 분리되어 사회의 일부분에 귀속된다면, 한 개인 혹은 집단에 고유한 것이 되어 더 이상 일반의지라고 할 수 없으므로 분리될 수도 없다. 루소에 이르러 주권의 행사는 오로지 국민의 동의에 근거하는 일반의지로부터만 정당성을 획득하며, 선출된 정부라도 임의로 주권을 행사될 수 없게 되었다.

　주권의 행위란 정확히 말해서 무엇일까? 그것은 상위자와 하위자 사이의 약속이 아니고 정치체와 그 구성원 각자 사이의 약속이다. 이 약속은 사회계약을 기초로 하니까 합법적이며, 모든 구성원에게 공통이니까 공평하며, 일반의 행복 이외의 대상을 가지지 않으니까 유익하며, 공공의 힘과 최고권을 보증으로 내세우고 있으니까 확고하다. 신민이 이러한 계약에만 복종하는 한은 그들은 누구에게도 복종하는 것이 아니고 그들 자신의 의지에만 복종하고 있는 것이다.(43쪽)

　정부는 단지 주권자의 대리인에 불과하다. 그것을 주권자와 혼동하는 것은 잘못이다. … (국민과 정부의 관계는) 순전히 위임이나 고용에 불과한 것이다. 이 지배자들(정부)은 이 고용에 의해서 맡겨진 의무를 수행하는 주권자의 대리자에 지나지 않는다. 그들은 맡겨진 권력만을 주권자의 이름으로 행사하고 있는 것이다. 그뿐만이 아니다. 주권자가 이러한 권력을 양도하는 것은 결합이 형성된 목적에 위배되고, 사회의 성질과 양립할 수 없는 것이다. 그래서 주권자는 그가 그들에게 준 이 권력을 마음대로 제한하거나 수정하거나 빼앗을 수가 있는 것이다.(65쪽)

따라서 정부와 일반의지에 지도되는 국가는 분리되며, 정부는 국민의 일반의지를 실행하는 충실한 대리자로 변모한다. 정부와 국민의 관계는 통치자와 피지배자의 관계가 아니기 때문에 국민은 정부에 복종할 이유가 없으며, 자신들의 공통된 이해관계에 근거한 의지인 일반의지에만 복종할 의무를 가지게 되는 것이다. 루소는 '주권'의 개념을 모든 정당성의 원천이 국민이란 점을 주장하기 위해 사용하고 있으며, 군주정, 귀족정, 민주정 등의 정부 형태와 관계없이 주권이 정부에 속한다는 오랜 전통과 명확히 구별되는 루소 정치철학만의 특이성이라고 할 수 있다.

오래된 전통에 의하면 정부의 성립은 공동체의 형성에서 근본적인 행위이며 정부의 해체는 사회의 해체와 동일한 것이 된다. … 전통과는 다르게 루소는 정부의 권위를 국민으로부터 도출하고 있는데, … 정부는 시민들이 지닌 개별의지를 지배할 수 있을 정도로 충분히 강력해야 하지만 일반의지나 법률을 지배할 정도로 강력해서는 안 된다.(스트라우스와 크롭시. 448쪽)

정부는 일반의지로부터 지침을 받으며, 정부의 권위를 사용하여 주권자란 의미에서 행해지는 시민들의 행동을 결정한다. 정부는 주권자와 개개 시민 사이에 놓여 있는 매개자이며, 전적으로 파생적 권력이다. … 고전 사상가에게 관직의 배열, 즉 정부는 첫 번째 고려 대상이었다. 정부의 형태는 사회의 형태를 결정지었으며, 정부의 변화와 더불어 새로운 사회가 형성되곤 했다. 충성심은 국가나 국민이나 사회를 향한 것이 아니라 정부를 향해 있었다. 루소의 구도에서 정부의 존재에 앞서서 주권이 먼저 존재한다는 것은, 권리와 사실이라는 관점에서 볼 때 정부의 존재라는 것은 단순히 부차적인 현상이라는 것을 의미한다. 계약은 정부보다 앞서서 존재하고 정부의 변화에 상관없이 자신을 유지하는 그러한 사회를 구성한다.(스트라우스와 크롭시. 446-447쪽)

루소의 정치철학 속에서 대리인의 지위로 조정된 정부는 국민에 의해 언제든지 전복될 가능성이 있다. 여하한 이유에서도 일반의지는 정부 자체로부터 도출되지 않으며, 주권은 정부에 속하지 않고 정부는 단지 주권자와 개별 시민들의 사이에서 그들을 매개할 뿐이다. 정부는 일반의지의 지침을 충실히 이행할 뿐이며, 국민의 충성의 대상이 될 수 없다. 개인이 자신의 권리를 양도할지라도, 그 대상은 통치자나 정부가 아니라 국민 스스로가 일반의지에 따라 제정한 법률이다. 근대 이후 신으로부터 부여받은 절대 왕권을 근거로 전제정치를 펼쳐왔던 절대 군주정은 루소에 이르러 완전히 정당성을 상실한다. 루소의 〈사회계약론〉이 프랑스의 절대 군주정을 무너뜨린 1789년 혁명에 큰 영향을 미쳤다는 정설은 주권을 절대 군주도 정부도 아닌 국민에게 부여하는 이른바 '국민주권론'에 근거하고 있다.

〈사회계약론〉의 근대적 의의

국민의 대의원은 국민의 대표자가 아니고 또 국민의 대표자일 수도 없다. 그들은 국민의 사용인에 불과하다. 그들은 어떤 일도 최종적으로 결정짓지 못한다. 국민이 스스로 친히 승인하지 않았던 모든 법은 무효이다. 그것은 결코 법이 아니다. 영국의 국민은 자유롭다고 생각하지만, 그것은 크게 잘못된 일이다. 영국의 국민은 의회의 대표를 선출하는 동안만 자유롭다. 선거가 끝나자마자 그들은 노예의 상태로 돌아간다.(98쪽)

〈사회계약론〉에서 나타나는 루소의 정치철학은 몇 가지 개념의 모호성, 특히 루소 사상의 핵심인 '일반의지'에 대한 명확한 도출 과정의 부재로 말미암아 독재자나 전체주의 세력에 의해 악용될 소지가 있다. 루소는 '전체의지'와 '일반의지'를 구분함으로써 다수의 의견이 반드시 일반의지와 일치하지는 않는다는 점을 지적했지만, 일반의지가 어떤 과정을 통해 정립되는지에 대해서는 정확히 진술하지 않고 있다. 결국 이러한 루소 사상의 공백은 훗날 다수를 차지하는 집단이 사적 이익을 '공동체의 뜻'이란 명분으로 포장해 소수의 의견을 억압하는 근거로 악용될 소지를 남겨놓았으며, 실제로 프랑스 혁명 이후 자코뱅당의 '공포정치'가 판을 칠 때 그것을 정당화하는 이론적 근거로서 중요한 역할을 했다.

그럼에도 불구하고 루소의 '국민주권론'은 국민의 직접선거로 선출된 대표자라고 할지라도 대리자에 불과하며, 주권은 국민에게 있다는 점을 완결된 논리를 통해 증명함으로써 국민의 의사에 반하는 권력 행사의 부당함을 통렬히 비판했다는 점에서 의의를 갖는다. 근대의 정치공동체는 비로소 통치자의 전횡을 관념적으로나마 배제할 수 있는 근거를 갖게 된 셈이다. 국민의 정치적 자유와 민주적 정치공동체의 건설 원칙을 확인하는 동시에 민주적 자치의 이상을 추구했던 〈사회계약론〉은 '민주주의'와 '대의 민주주의'가 사실상 같은 값을 갖는 것으로 인식되는 근대 사회에서도 여전히 충분한 가치를 지닐 수 있다. 영국 입헌군주제에 대한 루소의 비판이 보통선거권은 보장되지 않고 국왕과 귀족에 의해 의회가 선출되던 당시 영국의 의회정치에만 국한되는 것은 아니다. 오늘날에도 절차적·제도적 수준의 대의 민주주의조차 확립되지 못한 국가는 많다. 우리나라도 1987년의 6월 항쟁 이후 행정부의 수장인 대통령과 국회의원을 선출하는 선거가 주기적으로 진행되고 있지만, 선거 이후 국민이 선출된 대표를 견제할 수 있는 수단은 없는 상태다. 물론, 지역적인 수준에서는 주민발안제, 주민투표제, 주민소환제 등이 도입되어 형식적이나마 지방자치단체 대표들의 활동을 주민들이 견제할 수 있는 수단은 마련되어 있다. 그러나 실질적으로 국가의 운영을 결정하고 가장 많은 권력을 부여받는 대통령과 의회의 대표들은 임기동안 국민으로부터 어떠한 직접적 통제도 받지 않은 채, 사적인 이익에 따라 국가를 통치할 수 있다. 18세기 후반에 루소가 설파한 국민주권의 원리는 200년이 넘게 지난 오늘날에도 여전히 관철되지 못하고 있는 것이다. 루소가 〈사회계약론〉에서 제시한 국민주권의 원리가 여전히 유효한 이유는 이러한 대의 민주주의의 문제점에서 찾을 수 있다.

실전 연습문제

〈 2002대입 경북대 논술고사 문제 〉

1.　아래 예시 자료를 논거로 하여 전쟁과 폭력의 부당성을 지적하고 그 극복 방안에 대해서 논술하시오.

〈주의사항〉

1. 띄어쓰기를 포함하여 1,600자 내외(±100자)로 쓸 것.

2. 분량이 모자라거나 넘으면 감점하며, 900자 미만은 0점 처리함.

3. 예시 자료의 문장을 그대로 옮겨 쓰지 말 것.

4. 답지의 원고란에는 글의 제목이나 본인의 이름, 수험번호 등을 쓰지 말 것.

〈예시 자료 1〉

전쟁은 사회 집단들이 지켜왔던 영토 금기라는 튼튼한 천이 폭력으로 찢겨나가는 것이라고 정의할 수 있다. 호전적인 정책의 배후에 있는 힘은 대개 친족과 동료들에 대한 개인의 비합리적으로 과장된 충성심, 즉 자민족 중심주의이다. 일반적으로 원시인들은 세계를 두 가지 가시적인 영역으로, 즉 집, 마을, 친족, 유순한 동물, 무당 등 가까운 환경과 이웃 마을, 동맹 부족, 적, 야생 동물, 유령 등 그보다 멀리 있는 세계로 나눈다. 이 초보적인 지형학은 공격하고 살해할 수 있는 적과 그럴 수 없는 동료를 더 쉽게 구별할 수 있게 해준다. 이런 대비는 적을 끔찍한 존재로, 나아가 인간 이하의 존재로 격하시킴으로써 더 선명해진다.

브라질의 문두루쿠족 인간 사냥꾼들은 이런 구별을 실천했을 뿐 아니라 자신들의 적을, 말 그대로 사냥감으로 여겼다. (중략) 인간의 머리를 전리품으로 가져온 자에게는 높은 지위가 주어졌다. 초자연적인 숲의 힘을 부여받은 특별한 사람이라고 여겨졌기 때문이다. 전쟁은 고급 예술로 승화되었고, 다른 부족들은 특히 위험한 동물 무리로 간주되어 노련한 사냥꾼의 사냥감이 되었다.

습격은 매우 신중한 계획 하에 행해졌다. 문두루쿠족 사냥꾼들이 동트기 전의 어둠을 틈타 적의 마을을 포위하자, 그들의 주술사가 소리도 없이 주민들을 깊은 잠에 빠뜨렸다. 공격은 새벽에 시작되었다. 이엉을 인 지붕에 불화살을 쏘아댄 다음, 공격자들은 괴성을 질러대면서 숲에서 뛰쳐나와, 마을로 달려가 주민들을 공터로 몰아내고는 남녀 가릴 것 없이 닥치는 대로 어른들의 목을 베었다. 마을 전체를 소멸시키는 일은 어렵고 위험하기 때문에, 공격자들은 희생자들의 목을 갖고 즉시 철수했다. 그들은 가능한 한 멀리까지 행군하여 휴식을 취한 뒤, 집으로 회군(回軍)하거나 적이 있는 다음 마을로 향했다.

—에드워드 윌슨 〈인간 본성에 대하여〉

〈예시 자료 2〉

"계속되는 노역과 학대 때문에 이젠 누구나 윗사람의 눈치를 살피지 않을 수 없게 되었거든. 그 평의회 사람들 말야, 일은 고되지, 먹을 것은 모자라지, 게다가 병든 몸을 고칠 가망은커녕 무도한 채찍질로 상처만 날로 깊어가지… 눈치 안 보고 배겨낼 장사 있나. 사람들이 모두 그 지경이 되어 있을 때 심판의 날이 오고 만 거야…."

다름 아니라 주정수(일제 치하 소록도 나환자촌 4대 일본인 원장)는 마침내 그의 천국 건설의 장엄한 대미(大尾)를 자신의 동상으로 장식할 계획을 세운 것이었다. 마지막 배반극이 감행되기에 이른 것이다.

(중략)

사토가 그를 대신해 모든 일을 추진해나갔다. 그리고 맨 처음 그 일을 제안하고 나섰던 이순구가 모금 운동에 앞장서 돌아다녔다. 모금 성적이 나쁜 부락 대표들에게는 갖가지 위협과 압력을 가했다.

(중략)

동상이 세워지고 나서 원생들에게는 또 한 가지 새로운 부담이 늘었다. 매월 20일을 새 '보은 감사일'로 정하고, 이날이 되면 병사 지대의 모든 원생들은 공원 광장에 도열해 서서 동상을 참배해야 했다. 한 달에 한 번 20일만 되면 원생들은 남녀노소나 병세의 경중을 가릴 것 없이 공원 광

장으로 모여와 살아 있는 주정수와 그의 동상 앞에 경례를
바치고 훈시를 들어야 했다.

(중략)

그날도 마침 원생들은 주정수의 동상을 참배해야 하는
보은 감사일이었다. 원생들은 이날도 관례에 따라 아침부
터 부락별로 열을 짓고 서서 이제나저제나 살아 있는 동상
의 주인공이 나타나기를 기다리고 있었다. 한동안 시간이
흐르고 나서 직원 지대로부터 승용차를 타고 내려온 주정
수 원장이 수행원들과 함께 천천히 자신의 동상을 향해 대
열 앞을 걸어가고 있었다. 그 주정수가 막 중앙리 원생들의
대열 앞을 지나가고 있을 때, 그때 대열 가운데서 한 청년
이 벽력같은 소리를 지르며 갑자기 주정수 원장 앞으로 튀
어나왔다. 청년은 비수를 감추고 있었다.

주정수 원장은 청년의 비수에 정통으로 심장을 맞고
그 자리에 쓰러졌다. 눈 깜짝할 사이의 일이었다. 도열해 있
던 원생들이 소리를 듣고 머리를 들어보았을 때는 주정수
를 쓰러뜨리고 난 청년이 두 번째 표적을 찾아 피 묻은 비
수를 휘두르며, "사토, 사토 나오너라!"고 미친 듯이 악을
써대고 있었다. 원장을 뒤따르던 수행원들조차 미처 손을
써볼 틈이 없었다.

—이청준 〈당신들의 천국〉

〈예시 자료 3〉

　　인간은 자유인으로 태어났다. 그럼에도 불구하고 인간은 도처에서 질곡에 매여 신음한다. 개개인은 타인의 지배자로 자처하지만, 사실은 그 타인보다 못지않게 노예적 상태에 있는 것이다. 이 변동은 어디에서 오는 것일까? 나는 그것을 설명할 수가 없다. 왜 그것이 정당한 것처럼 되어버렸을까? 이 문제에는 해답을 줄 수가 있다고 나는 생각한다.

　　만일 내가 폭력과 또 그 폭력에 따르는 결과만을 고려한다면, 이렇게 말할 수 있을 것이다. "어떤 국민이 복종을 강요받은 대로 복종을 하고 있는 한, 그 국민은 현명하다. 그러나 그 국민이 그 속박으로부터 벗어날 힘이 생기자 곧 그 구속을 몸소 제거해 버리고 자유의 몸이 될 수 있다면, 그 국민은 더욱 현명하다 할 것이다. 왜냐하면, 국민으로부터 자유를 빼앗아간 것과 바로 그 같은 권리로써 그도 또한 그 자유를 도로 찾은 것인 이상, 이렇게 해서 자유를 회복한 인간의 행위가 정당하다고 보거나 그렇지 않으면 반대로 애초에 자유를 폭력으로 빼앗아갔던 그네들이 부정당했었다고 보거나 해야 하기 때문이다." 그러나 사회 질서라는 것은 다른 모든 질서의 기초가 되는 신성한 법이다. 하지만, 이 법은 결코 자연에서 발생하는 것이 아니고, 계약에 의해서 성립이 되는 것이다.

　　(중략)

올바르고 질서에 적합한 것은 또한 사물의 본성으로 보아도 그러한 것이며 인간 상호간의 약속 행위와는 무관하게 그러한 것이다. 모든 정의는 신으로부터 나오는 것이며 신만이 정의의 원천인 것이다. 그러나 이 정의를 그와 같이 높은 곳에서부터 우리들이 받아들일 줄을 알았던들 우리에게는 정부도 법률도 필요 없었을 것이다. 아마도, 이성에만 기반을 둔 보편적인 정의가 있을는지도 모른다. 그러나 이러한 정의가 우리들 사이에서 인정을 받으려면 상호적이어야 한다. 인간적인 견지에서만 사물을 판단한다면, 정의의 율법은 자연의 상벌(賞罰)이 뒤따르지 않는 고로 인간에게는 유명무실한 것이다. 그것은, 그것을 지켜나가려는 이가 아무도 없음에도 불구하고 선인만이 모든 사람에 대해서 그것을 지켜나가려고 할 때, 악인에게는 이익을 주고 선인에게는 손실을 주게 마련이기 때문이다. 그러므로 권리를 의무와 결합시키고 정의를 그 목적에 적응케 하려면 협약이나 법률이 필요케 되는 것이다.

—장 자크 루소 〈사회계약론〉

〈예시 자료 4〉

"도망친 놈이 안 잡혔다. 너희 유태인 중 10명이 저 아사감방(餓死監房)에서 죽어야 한다. 이 다음 번에는 20명을 보낼 테다." 강제수용소의 독일인 프리치 소장은 첫째 줄로

다가가더니 한 사람씩 얼굴을 들여다보며 무언가 생각하는 듯했다.

(중략)

"너, 너, 그리고 너!" 10명이 되었다. 10명이 사형 선고를 받았다. 그들 중 한 사람이 대열에서 나오며 울부짖었다. "아, 불쌍한 마누라와 아이들을 이제 다시 못 보게 되었구나!" 대열 가운데 남은 사람들은 한숨을 돌렸다. 인간이 얼마나 생명에 무서운 집착을 갖는지 알고 싶으면 강제 수용소에 한번 가보라. 게다가 이번 경우에 생명을 건졌다는 것은 가장 잔혹한 죽음을 모면했다는 뜻이다.

(중략)

갑자기 전혀 생각지 못했던 일이 일어났다. 한 사람의 포로가 놀라고 있는 동료들을 헤치며 대열 밖으로 걸어 나오는 것이었다. 감히 그런 짓을 하다니! 머리가 약간 옆으로 굽은 그 사람은 그의 큰 눈으로 당황해 하는 프리치를 똑바로 쳐다보고 있었다. 수군거리는 소리가 물결 퍼지듯이 이 대열에서 저 대열로 전해져 나갔다.

"막시밀리안 신부다! 콜베 신부다!" 소장은 권총을 쥐더니 한 걸음 뒤로 물러서며 외쳤다. "정지! 무슨 일이야? 이 폴란드의 돼지 새끼야!" 막시밀리안 신부는 소장 앞에 섰다. 아주 침착했다. 미소까지 띤 것 같았다. 신부는 바로 옆의 사람에게만 겨우 들릴 것 같은 낮은 소리로 말했다. "저

사형수 중의 한 사람 대신에 내가 죽겠소." 프리치는 망연히 신부를 바라봤다. 꿈이라고밖에 생각할 수 없는 뜻밖의 소리를 들은 것이다.

— 마리아 비노프스카 〈막시밀리안 콜베〉

미국에서 1억부 이상 판매된 기적의 논술가이드
클리프노트가 한국에 상륙했다!!

방대한 고전을 하루만에 독파하는 스피드

다락원 명작노트 **CliffsNotes™** 시리즈는

▶ 미국대학위원회, 서울대, 연·고대 추천 고전을 알기 쉽게 재구성한 대한민국 대표 논술교과서입니다. ▶ 작품의 핵심내용과 사상, 역사적 배경, 심볼, 작가의 의도 등을 명확하게 정리하여 방대한 원작을 쉽고 빠르게 이해할 수 있게 해줍니다. ▶ 미국에서 리포트, 논술용으로 1억 부 이상 팔린 초베스트셀러의 명성에 비평적 사고와 논리적 글쓰기의 모델을 제시하는 〈一以貫之〉의 논술 노트를 통해 사고 능력, 읽기 능력, 쓰기 능력을 체계적으로 길러줍니다.

★ 〈一以貫之〉 논술연구모임: 대입 논술이 시작될 때부터 학원과 학교에서 논술을 가르쳐온 전문가들의 모임입니다. 현재 서울·분당·평촌·인천·광주·부산·울산 등의 유명 학원과 고등학교의 논술강의 현장에서 학생들이 '자신의 물음'과 '자신의 생각'을 갖고 '자신의 글'을 쓸 수 있도록 도와주고 있습니다.

다락원 명작노트 **CliffsNotes™** 시리즈 50권 출간

001 걸리버 여행기　002 동물농장　003 허클베리 핀의 모험　004 호밀밭의 파수꾼　005 구약 성서

006 신약 성서　007 분노의 포도　008 빌러비드　009 이반 데니소비치의 하루　010 카라마조프 가의 형제들

011 순수의 시대　012 안나 카레니나　013 멋진 신세계　014 캉디드　015 캔터베리 이야기　016 죄와 벌

017 크루서블　018 몽테크리스토 백작　019 데이비드 코퍼필드　020 프랑켄슈타인　021 신곡

022 막대한 유산　023 햄릿　024 어둠의 심연 外　025 일리아드　026 진지함의 중요성　027 제인 에어

028 앵무새 죽이기　029 리어 왕　030 파리대왕　031 맥베스　032 보바리 부인　033 모비딕

034 오디세이　035 노인과 바다　036 오셀로　037 젊은 예술가의 초상　038 주홍 글씨　039 테스

040 월든　041 워더링 하이츠　042 레미제라블　043 오만과 편견　044 올리버 트위스트　045 돈키호테

046 1984년　047 이방인　048 율리시스　049 실낙원　050 위대한 개츠비